我是老师②
也是永远的孩子

WOSHI LAOSHI
YESHI YONGYUAN DE HAIZI

杨卫平 - 著
张榕麟 张梓妍 - 图

北京师范大学出版集团
BEIJING NORMAL UNIVERSITY PUBLISHING GROUP
北京师范大学出版社

#### 图书在版编目（CIP）数据

我是老师，也是永远的孩子.2／杨卫平著；张榕麟，张梓妍图．—北京：北京师范大学出版社，2021.6
ISBN 978-7-303-26448-3

Ⅰ.①我… Ⅱ.①杨… ②张… ③张… Ⅲ.①师生关系－通俗读物 Ⅳ.① G456-49

中国版本图书馆 CIP 数据核字（2020）第 218453 号

营 销 中 心 电 话　010-58802135　58802786
北师大出版社教师教育分社微信公众号　京师教师教育

| | |
|---|---|
| 出版发行： | 北京师范大学出版社 www.bnup.com |
| | 北京市西城区新街口外大街 12-3 号 |
| | 邮政编码：100088 |
| 印　　刷： | 北京玺诚印务有限公司 |
| 经　　销： | 全国新华书店 |
| 开　　本： | 710 mm×1000 mm　1/16 |
| 印　　张： | 18.25 |
| 字　　数： | 242 千字 |
| 版　　次： | 2021 年 6 月第 1 版 |
| 印　　次： | 2021 年 6 月第 1 次印刷 |
| 定　　价： | 75.00 元 |

| | | | |
|---|---|---|---|
| 策划编辑：伊师孟 | | 责任编辑：齐　琳　张筱彤 |
| 装帧设计：焦　丽 | | 美术编辑：焦　丽 |
| 责任校对：郑淑莉 | | 责任印制：马　洁 |

**版权所有　侵权必究**

反盗版、侵权举报电话：010-58800697
北京读者服务部电话：010-58808104
外埠邮购电话：010-58808083
本书如有印装质量问题，请与印制管理部联系调换。
印制管理部电话：010-58805079

谨以此书献给所有的孩子
以及所有热爱孩子的大人

# 自序

## 像我的老师那样做老师

▶杨卫平

"平姐，今天不错哦，12162步！"

"平姐，道法自然，自然而然，一切以促进健康为主，不要强求。"

这是我读师范时的第一任班主任于老师给我的微信运动步数做的点评。

1983年秋，我入读师范学校，刚刚大学毕业的于老师担任班主任。那一年，我们15岁，于老师26岁。为了鼓励学生不怕困难，他曾非常认真地告诉我们，他是个笨小孩，大学考了3年才考上。于老师目光炯炯，阳光帅气，他开阔的视野、灵动的思想、博大的胸襟、善良的心灵、乐观的精神，给我们这一群少年打开了一个崭新的世界。他喜欢读书，善于表达，妙语连珠；他酷爱运动，我至今记得他在黑板上写的"生命在于运动"，他的字也好漂亮；他把同学们的名字编成顺口溜"赵敏、夏敏、孙龙敏、王辉、孙辉、刘辉、方保辉、谈耀辉"；他懂得学生，任何人都能感受到他的激励，我还记得他评价我读书时的话："这个低头、沉默、爱傻笑的小姑娘，普通话真好！"

他对我们每一个人都那么肯定、那么关怀、那么体恤，我们简直对他崇拜至极！私下里聊天时，我们都叫他"小于哥哥"。

我是于老师最特殊的学生。

这得从我的身世说起。我是个弃婴。福大命大，我被一对结婚13年膝下无子、年近40的夫妇收养。我的体质比别的孩子弱很多，感冒、肺炎、麻疹、水痘……1年365天里，我至少有265天在生病。我似乎得遍了一个孩子能得的所有疾病。我10岁时，一个女邻居当着我的面跟我爸爸说："你这个女儿，就是个废物！"我初中毕业时，爸爸叹息说："你还是报个小中专吧，也能有碗饭吃。"

那时小中专毕业是分配工作的。爸爸希望我报考师范学校。他认为，当老师，风吹不着，日晒不着，还不用出差四处跑，我这样的身体条件正好适合。我工作以后才发现，其实当老师也是体力活儿，这对我的体质也是一种考验。这是后话。

我如爸爸所愿考上了师范学校，成了于老师的学生。爸爸送我上学的时候，诚恳地跟于老师说："这孩子体弱多病，体育课基本不能上，还请于老师多关照。"

于老师斩钉截铁地说："叔，你放心，我尽全力照顾卫平！"

体弱多病的人，往往心理也比较敏感脆弱。入学后，我对自己的一切能力产生了怀疑，感觉自己真的如邻居所言，就要成为一个废物了。我日日处在自卑与沮丧的状态中，硬生生把自己活成了行尸走肉。我成了班级的包袱。

于老师并没有嫌弃我。他极有耐心地帮助我、启发我，等待我成长。1983年12月的某一天，于老师跟我说："杨卫平，我敢跟全世界打赌，我赌你将来一定是一个优秀的老师，并且有望成为教育专家！"我的精神为之一振，我真的可以成为一个优秀的老师，甚至成为教育专家吗？好神奇！那一天，我从心灵的泥淖中爬了出来。对于别人来说，这是普通的一天，但对于我来说，这就是一生。我的教育人生，是于老师和全世界打过赌的，所以，30多年以来我倍加珍惜，从来不敢停下成长的脚步。

于老师的恩德，我的爸爸不知道怎么感谢。爸爸在我寒假开学前一天，炸了一点儿花生米让我带给于老师。

爸爸一边炸花生米，一边念叨于老师给我的恩情，一不小心过了火，第一锅炸糊了。

爸爸说："这糊的可不能给于老师吃，咱俩先吃掉。"

我们父女俩，坐在厨房里，吃着炸煳的花生米，谈着于老师的好。我不记得我和爸爸是怎样吃完那些煳掉的花生米的，也不记得吃了那么多煳掉的花生米是否产生了不良反应，我只记得我吃花生米的时候是流着热泪的。我对于老师的感激，天长地久，却又日日更新、天天加增。

于老师只教了我1年多，就做了学校的团委副书记。后来，他又花了3年时间考上了研究生，举家南迁。从此我再无他的音讯。这些年我一直打听他的消息，直到去年我才得到他的微信号，恢复联系。

当时于老师和师母在澳洲探望女儿。远隔重洋，于老师给我发来微信：

> 平姐，你有多少专著、多少场讲座、多少头衔、多大名气，老师并不在意。任何以牺牲健康为代价所获取的成就和美名，都是不足取的！不要被这些绑架了！老师在乎的是：你该把自己的健康放在第一位了！这是老师压在心底的话，说得过于直了，你别介意！

原来，老师对学生的鼓励，是随着时间的推移、根据学生所需而变化的：我少年时，他告诉我要打破思想的藩篱，跨越心灵的局限，勤奋努力，建功立业；我为事业打拼多年、小有成就以后，他告诉我要调整自己、改善自己、优化自己，健康胜于一切。我热泪滚滚，只有亲人，才有这样的心意啊！我给他回复：

> 大恩不言谢，尊敬的老师，我报答您的方式，就是感恩命运，爱上生活，珍惜不美的自己，简单生长。

联系上了于老师，自是十分欢喜，但阔别36年，我与于老师至今没有见面。我曾3次到他的城市他所在的区讲课，恰好他都不在。彼时，他要么在国外探望女儿，要么在家乡照顾母亲。陪伴是最长情的告白，退休以后的于老师把自己的时间分割给了上下两代人，令我更生钦佩之情。2020年春节，我准备带着我的孩子和我的学生去探望他，他又推辞了。我知道，他是希望我有更多的时间休息、与家人团聚或写作。

于老师并没有忘记我。他在微信运动里关注着我。他希望我不长久伏案，每天健步，持之以恒，健康快乐、顺应自然地生活。为了督促我、影响我，他每天都要给我的微信运动步数点赞，给我留言评论，从未间断。

我似乎回到了学生时代。我每天认真行走，我的微信运动步数就是我给老师交的"作业"。现在的我，比少年时代健康得多。于老师根据我的体质，给我布置的"作业"是每天8000步，相当于6千米。我却想成为更好的学生，把步数提高到每天10000步，相当于7.5千米。于老师时常称我为"运动健将"——这是一个我过去几十年想都不敢想的称号。经于老师这么一说，我也感觉自己脚下生风，力大无穷。于老师叮嘱我："平姐，建立健康、文明、科学的生活方式，未来很长，不要慌张。"

对于我的教学研究，于老师也时时给以提醒。有一次，我要做主题为"让孩子成为孩子"的讲座，于老师来微信道：

> 让孩子成为孩子，平姐首先得成为孩子，具有孩子的心理特质，去探讨孩子的内心世界。

看着于老师的这句话，我静坐思考了许久：如何使自己成为孩子呢？

于老师对我这个特殊学生天天关注、日日点评、时时提醒，使我深受启迪与鼓舞。大道至简，我也采用这个最简单、最实用的方法，去激发、鼓励我的学生。当我因为每日健走、时常受老师点拨，越来越健康、越来越聪慧，当我的学生因为我的鼓励越来越进步，我忽然顿悟：原来，做老师，是要对学生的一生负责的。

我15岁成为于老师的学生，51岁才懂他；他26岁做我的老师，62岁还在关注我的身体健康及专业发展——这有趣的数字，仿佛只是一个转身；这漫长的心路，却隐藏着于老师36年如一日的悲悯情怀、职业使命。这让我更加懂得教师这个职业的价值和意义。我想，像我的老师一样做老师，乃此生最大的幸福和幸运。

我怀着虔诚之心，写下这本书。我把它分为8辑，61篇，与《我是老师，也是永远的孩子1》相呼应，以日志体的形式，按时间顺序，献给读者。我力求不是仅记流水账，而是在日常点滴中展现我的教育理念与学术思想。希望诸君从中读到教育的温度，也希望博得诸君喜欢，同时敬请批评指正。

鞠躬，致谢。

2019年6月25日，星期二，23：36<br/>
于郑州

## 目录 CONTENTS

第一辑　春风如你，拂我心漪

1. 我还是那个模特，她们却换了画风
2. 孩子，我想请你们吃顿饭
3. 携一缕书香，我们是早春的风景
4. 孩子，你们总是出乎我的意料
5. 孩子很萌，我很逗
6. 3月的风，就在我的窗口
7. 我希望孩子爱上学习，但不想讲道理
8. 3月里的孩子，令人惊喜不断
9. 春天是一段路程

第二辑　幸福如你，暖我心际

10. 孩子的所有成长，都令我开怀大笑
11. 每一个意外，都需要暖意
12. 爱与幸福感，将成为我课程中的要点
13. 心情是一个传说
14. 如果我们不曾相遇
15. 两堂语文课，一种大情怀
16. 我诚惶诚恐，却又心花怒放
17. 我愿我是一缕春风
18. 没有比爱更高的去向

第三辑　真情如你，沁我心脾

19. 刘大哥讲话有道理
20. 向着幸福出发
21. 昨日春分至，一年最美时

| | |
|---|---|
| 91 | 22. 春风甚美，你最珍贵 |
| 94 | 23. 给个台阶，就是搭座桥 |
| 97 | 24. 教育本身并不平凡 |
| 101 | 25. 我忽然"脑洞大开" |
| 106 | 26. 每一个学生，都是"我的" |
| 110 | 27. 课堂是个无限开阔的空间 |
| | |
| 113 | **第四辑　顽皮如你，我心不弃** |
| 114 | 28. 哎哟，今日情况不妙啊 |
| 118 | 29. 不仅仅是《骆驼祥子》 |
| 128 | 30. 那个"皮皇"现在怎么样了 |
| 131 | 31. 重新再来也要快乐呀 |
| 135 | 32. 自我教育比接受教育好玩儿多了 |
| 139 | 33. 我们给孩子的，是快乐吗 |
| 144 | 34. 孩子，你一定要成为你自己 |
| | |
| 151 | **第五辑　芬芳如你，我心似霓** |
| 152 | 35. 书香，让心灵更芬芳 |
| 157 | 36. 孩子的问题，也是大人的问题 |
| 160 | 37. 教育的目的不是"教"，是"解" |
| 164 | 38. 孩子喜欢的，是爱他们的人 |
| 169 | 39. 如果，他是慢的孩子 |
| 173 | 40. 这一天，百感交集 |
| 177 | 41. 4月已远走，但我们得把春天留住 |
| 183 | 42. 走向孩子的心灵，就是走向诗和远方 |
| 187 | 43. 当幸福成为习惯 |

## 第六辑　曲折如你，我心细腻

44. 孩子都是"治愈系"
45. 微笑，是我们的标志
46. 当学生做了"假作业"
47. 你对孩子的否定，是孩子远离你的理由
48. 有一种教育，叫师者自省
49. 经常犯错？高，实在是高
50. 合适的，才是最好的

## 第七辑　纯真如你，我心靓丽

51. 不期而至的客人，欢迎你再来
52. 在这里，没有害怕
53. 我来表白一下
54. 今天，我是"整条街最靓的仔"
55. 在我变成第100只猫的时候

## 第八辑　"佛系"如你，我心欢喜

56. 我用爱你的方式，启发你爱学习
57. 爱很费力，但我愿意
58. 那是你的眼神，明亮又美丽
59. 愿每一个生病受伤的生命，都被宠成宝宝
60. 复习，是件严肃的事
61. 若论"少年狂"与"佛系爱"，那要数我的学生了

后记　做一个像我的学生那样的孩子

## 第一辑

春风如你,拂我心漪

## 1. 我还是那个模特，她们却换了画风

▶ 2019年2月21日　星期四

这是榕麟给我画的第 59 幅画像，梓妍给我画的第 46 幅画像。

今天是七年级下学期的第一天。雨水节气已经过了两天，天气渐渐清明疏朗。

昨天，新学期第一次全体教工大会后，我在校门口看到树枝正在返青，枝头已经吐新芽了，要不了几天，春姑娘就要欢乐起舞啦！此时她还在梳妆台上画着眉毛和眼线，睫毛膏似乎也要涂上了，红唇已经轻启。她只要轻轻一吹，就是春风化雨。

东风解冻，万物复苏，乍暖还寒。今天，我穿着浅黄色西装领短款羽绒服。

两位画者今天突发奇想，交换画风。

榕麟把我画成了一只"猫老师"。

她说："我已经会画猫了！"

我拿过来看了看。

带着小小豁口的猫嘴在笑着，紫红的猫耳朵竖起来，肉嘟嘟的猫爪儿伸出来，确实是有猫的感觉的。她在寒假特意练习了画猫吧。我没有问她，只这样去猜测；顺着自己的猜测往她的生活里走，是一件浪漫的事情。一个人对另一个人的追寻与抵达，一路相伴的，一定是爱、喜悦和期待。这个过程值得享受。

榕麟一向不按套路出牌、随时创新的精神深深地打动着我。

榕麟总偏爱着我，她画的我的眼睛绝对不是猫眼，而是美丽明亮的人眼。那圆溜溜、亮晶晶、含着笑意的眼睛啊，真是心灵的窗户。单从这一双眼睛，就能看见画者的美好心灵。她赋予我这样的美目、这样的情愫，真让我激动不已。

她画的是开学不久的一幕。

我说："抽人写词吧！"

"抽人"可不是打人，是抽签，猫爪里拿着学生的名签呢！我不想总提问积极举手回答的孩子，我想让不爱说话的孩子、不爱动脑筋的孩子回答，每个人都有均衡的发展机会，也想让提问这件事有些神秘感。这个抽签的过程也很有意思：我手里翻动着名签，冷不防地抽出一个；众人屏住呼吸，瞪大眼睛看着我手里的名签，等待我说出那个人的名字。那一刻，我觉得自己是个魔术师，一瞬间就能变出人名，我有时候甚至觉得自己有大变活人的本领，而孩子们又紧张又好奇的样子令人忍俊不禁。此时气氛热烈、紧张，没有一个人分神儿。

今天的词比较多，我抽了十几个名签。十几个学生上台演板。第一个上台的是班长刘大哥，可连最后一个上台的同学都写完回到自己的座位好久了，他还在黑板上一笔一画缓慢地写着，而他所写的内容，并不比别人多。

我很纳闷，自言自语道："这个班长好像在绣花嘛，太慢了。"

和榕麟一样，梓妍也是厚爱我的。在她笔下，我这样说的时候，不是不耐烦的，而是笑眯眯的。

梓妍终于去掉了我的猫耳朵，把我画成了人。并且她也把我的眼睛画得又大又美又亮，我的眼睛里存满了爱意与欢喜。她的意思是：慢的孩子并没有让我急躁，我愿意等。

我不仅愿意等，我还给孩子改错的机会。

十几个孩子轮流上台的时候，我说："不会的，可以问别人；写错的，还可以再上台改。"

有位教育家说："中国教育最大的失败，就是使孩子失去了犯错误的勇气。"只有给孩子自主成长的空间，让孩子主动去问、自主纠错，他们才能感受到学习的趣味；有了趣味，才能有学习的效果。当孩子来来回回地修正错误，成长也悄然发生。

刘大哥写错了一个拼音。

同学们给他指出来，我把粉笔递给他，说："来，你自己改。"

那个拼音，我替他纠正一百遍，不如他自己纠正一遍。

他上台纠错的时候，我说："刘大哥虽然写得慢，也有错字，但他的字很工整、很漂亮。"

我更愿意全面客观地评价一件事或一个人，片面忽略和掩盖优点，都是对当事人和自己的不尊重。

刘大哥改过，在欢乐的气氛中回到了座位。

课后，我想：要给刘大哥更多的关注和引导了，他态度端正，可成绩一直不突出，这与做题速度过慢是有关系的。刘大哥，我盯上你了！希望我能帮到你。

擦亮自己的眼睛，发现成长的细节，思考入手的接口，是我要潜心去做的事情。

22：43，晚安。

## 2.
## 孩子，我想请你们吃顿饭

▶ 2019年2月23日　星期六

(新设计的小纸包)
两边抠一下子就开啦！和小药盒的开法差不多。

内赠"小纸条"

To: 杨老师

这是用我们平时的画风来画的，是最真实的水平，还是娱梓姚画人，榕麟画猫，这次的画是表情包。

抽签啦

有钱了 我请大家吃饭

这是榕麟为我画的第 60 幅画像，梓妍为我画的第 47 幅画像，画于 2 月 22 日星期五。

这一天，我穿的是灰色短款连帽羽绒服，内配嫣红高领打底衫，外搭中国红围巾。

我之所以选择这件羽绒服，是因为我觉得灰色是永远的流行色；它高雅、中庸、温和、谦让，是最安静的色彩；灰色大气，意味着与命运和解，与世间一切握手言欢，甚至向对手致敬；灰色不动声色、包容大度，有着永远快乐的勇气；它属于中间色，男女通用，女士穿着它，似乎带着一丝天然的"酷范儿"。

单是这样一件柔和安静的衣服，似乎不够激起画者的灵感与激情。于是我配嫣红打底衫、中国红围巾。红色是光的三原色和心理原色之一，它代表着吉祥、喜庆、热烈、奔放与激情。嫣红与中国红是不同程度的红，层次很清晰。三种色彩混搭，安静中有热烈，平和里有激情，画者应该会眼前一亮吧！

果然，两位画者看见我的时候，眼里满是笑意。她们称赞衣服好看，画得也极快。一个上午的 3 个课间就画完了。她们对色彩的处理，我这个门外汉看着还挺入眼。

这个学期，学校给了我极大的照顾，把二班的语文课调给了新手妈妈幸运星老师，我只教一班的语文课。这一下子减轻了我不少负担，时间上从容了很多，星期五我做完工作就出门办事了。

榕麟和梓妍画完画像，托和我同小区的茹丹同学带给我。

茹丹把画像给我的时候，笑眯眯地说："杨老师您看，她们做的小纸包，好可爱！"

茹丹，你真是美而不自知哦，你轻柔的声音、赞赏同伴的话语、明媚的笑容，也好可爱呢！

画者把画像装进一个自制小纸包里。纸包的正面是"开包说明书"：

新设计的小纸包。两边抠一下子就开啦！和小药盒的开法差不多。

文字的两端各有一个箭头，辅以小花图案。这是只有孩子才有的趣味吧！纸包的背面，有留言：

> 内赠"小纸条"。To：杨老师。

我笑着拆开，里面果真有个小纸条，是"画像说明书"：

> 这是用我们平时的画风来画的，是最真实的水平。还是梓妍画人，榕麟画猫，这次的画是表情包。

我和茹丹仔细看画像，看着看着，忍不住笑出声来。

原来，梓妍用画猫的笔法把我画成人，榕麟用画人的笔法把我画成猫，她们俩联手画了一个表情包。新的学期，她们在尝试突破。很遗憾，我这个语文老师不能在画技上给她们帮助；但或许正是这种无约束、无限制、无指导的"师生三无合作法"，使她们大胆想象、不断探索。这让我想起爱因斯坦的话："想象力比知识更重要，知识是有限的，想象力却可以囊括全世界。"

我最近考虑比较多的，是如何引导两个孩子以平常心持续地挖掘创造力。她们只有13岁，鲜花与掌声扑面而来时，她们该有怎样的定力？我与孩子合作的目的，是以她们的画笔和我的文字，通过日常点滴表述教育的真意和创作的乐趣。有沉潜其中、乐而忘忧的事情，乃是人生至福。在陪伴孩子探寻幸福的路上，一切都不简单。尤其要警醒的是：谨防"捧杀"！元宵节那天，我分别在电话里与她们的妈妈做了沟通。每一天，我除了欣赏孩子们的画作，还要观察她们的心态与创作激情，及时引导。从目前看，她们平和安静，有平常心，超出了我的预期。她们交换画风，并且联手描画表情包，是我始料不及的，也是令我欣喜不已的。

梓妍画的是我抽签读课文。我的课代表别出心裁，把名签做得五颜六色。梓妍把名签的色彩及其扑克牌一样的形状都画了出来，它们在我眼前有序排列，而我展开双臂、面带微笑，就像变魔术！

是的，我每次抽签的时候，大概就是这个样子，很神秘，很好玩儿。梓妍观察仔细，表达有趣，甚喜！

榕麟则把我的眼神和手势画得很酷。和梓妍画的我张开双臂不同，榕麟画的我把一只肥嘟嘟的猫臂放在讲桌上，另一只猫臂上举，猫爪张开，用眼角的光调皮地看着孩子们，信誓旦旦地说："有钱了我请大家吃饭！"

这话我真说过。

我一向认为，共餐是一种文化。勺子筷子叮叮当当碰触的人，大抵不会互相生厌。互相生厌的人，宁肯饿肚子，也不愿意坐在一张桌上吃饭；勉强凑在一起，吃的也是一肚子闷气，而不是美餐。

我喜欢孩子，愿意跟他们一起吃饭。

从教30多年，与学生共餐的故事还真不少。

孩子们曾在我家厨房里弄出来一顿半生不熟的"美食"，风卷残云般一扫而光。多年以后，他们已经为人父母，跟我说："杨老师，再也没有吃过那天那样的好饭了！"

我请14岁的男生们吃饭，腾达小哥哥一口气吃了4大碗牛肉面，志扬小哥哥吃了3碗，军帅小哥哥吃了2碗。服务员小姐姐看着这几个龙腾虎跃的少年，吃惊得眼珠都要蹦出来了。长大后，腾达小哥哥非常绅士地回请我吃饭。他说："老师，14岁是我饭量最大的时候，后来想想，其实那时不仅是吃饭，也是发力了！"

默写总不过关的辰哥，在我请他吃了一顿早餐后，拼命练习默写，虽然还是不过关，但他有了足够的信心和力量去超越自己。成长需要一个过程，几年之后，他考上了自己心仪的大学，还在国际上获了奖。和同学们一起来看我时，他跟我说："老师，我上高中以后，每次默写都是全对。每一次，我都想起您那一顿早餐，特别美的味道。"

曾经被我请吃苹果和肉包的大璞，这个学期过后就要读研了。他来看我，正赶上电视台给我拍专题片，他对着镜头说："杨老师，当初我们全班同学都说过，将来给您养老。这话一辈子管用！"

被我请吃过饭的冰儿已拿到了双学位，并考上了第三个专业的研究生。她来看我，同事们称赞她谈吐不凡，她说："是杨老师教我爱上了学习。"

我请吃饭时，凡哥热情洋溢地给每个人夹菜，自己却顾不上吃，我很感动，并以此为突破点，帮助他把成绩从班级中下游进步到上游。

孩子们中招考试复习累了的时候，我给他们每人买了一个面包、一支冰淇淋。有孩子悄悄告诉我："我上楼的时候，别的班的同学都投来羡慕的目光。我感觉自己像插上了翅膀，一下子就飞到了四楼。"

班级语文学习有困难的时候，我请课代表吃个饭、聊个天，一起商讨出了激发同学们学习语文兴趣的几种好方法。

教育不是一蹴而就的。如果能慢慢坐下来，边吃边聊，或许会有意想不到的营养入人心脾。

这让我想起既是作家又是美食家的汪曾祺先生。他写的《黄油烙饼》里有这样的句子：

> 萧胜一边流着一串一串的眼泪，一边吃黄油烙饼。他的眼泪流进了嘴里。黄油烙饼是甜的，眼泪是咸的。

一口口黄油烙饼与一串串眼泪交织，汪先生写出了整个人生的味道。难怪黄永玉先生这样评价他："他是我认为全中国文章写得最好的，一直到今天都这样认为。"中国文联主席铁凝也说："他带给文坛温暖、快乐和不凡的趣味。"

汪曾祺先生说："我希望我的作品能有益于世道人心，我希望使人的感情得到滋润，让人觉得生活是美好的，人，是美的，有诗意的。"我读汪先生的作品，处处见他写心底美食、人间至味。我恍然大悟，教育与饮食有接口：饮食文化里有教育，复杂多元的味道里藏着教育的密码。那么，我愿意把共餐作为一种隐形的教育方式。请学生吃顿饭，把温暖、爱和期待混在家常小食、地方风味甚至一碗平淡无奇的热汤里，不动声色地送给他们。那么，我们就不仅是吃饭，也是吃气氛、吃智慧、吃情怀了。

榕麟在画像上写了好几个"富"字。她是多么盼望我一夜暴富，请大家吃饭啊！

哈哈，傻孩子，"有钱了请大家吃饭"是一句托词呢。我虽不富有，但请57个学生吃顿饭的钱还是有的，我所谓"有钱了"，不是等待有钱，而是等待合适的时机。流于形式的果腹之举会使我平庸，也不能给孩子真正的快乐。

不用急，孩子，长长的路，我们慢慢地走。

18：56，傍晚安。

当我把以上文字发在微信朋友圈，我们语文教研组组长洁老师评论道：

> 想起了9年前我们经常在"信阳小厨"吃鱼教研的场景。那几年的收获可真不小啊！鱼的味道忘记了，但我们吃饭聊天的氛围永远忘不了。

洁老师的评论激起我心底的涟漪。无论是孩子还是大人，无论是学生还是老师，若需深度交流，那就不妨坐下来共餐。由一餐饭、一席话、一种和谐共处激发出来的成长，经久不忘，影响深远。

23：41，第六次修改完毕。晚安。

## 3.

## 携一缕书香，
## 我们是早春的风景

▶ 2019年2月25日　星期一

周一，榕麟为我画了第61幅画像，梓妍画的是第48幅。

我穿了一件黑色薄款羽绒服，内配黑色羊毛衫，裤子和鞋子也都是黑色的。照照镜子，感觉一袭黑衣的自己有点儿酷。

嘿，榕麟和梓妍会不会把我画成一团黑？不行，画家需要色彩，我不能只顾着自己耍酷。

打开衣柜，取出一条多彩的围巾。这是女婿春节前去印度出差时带给我的礼物，我一直没有戴。这条围巾，深紫、浅紫、蓝紫、紫红、明黄五色交织，完全是印度民族风。有了色彩，画者就喜欢了。但我今天太忙，很少待在教室

...11

里，加上色彩太多，画者没有一下子记住全部，她们的画都没有涂出围巾的五色。但这已经足够好了，她们笔下的明丽色彩，以绝对优势压住黑色，透出新生活的欢快。

榕麟不再画猫，恢复画人像。她改变了我的表情，从前两天的明亮大眼睛变成了今天的弯月笑眼。画者就是这么任性，她想让我长成啥样，我就得长成啥样。能写会画的人都是无冕之王，掌握着笔下人物的"生杀予夺"大权。我是幸运的，遇见的两位画者都极善良，手下留情，笔端有爱，每次都把画像画得比我本人好看101倍，甚至还要多。

榕麟画的是我在讲评双休日的作业。学完杨振宁写的《邓稼先》，我布置写一篇邓稼先墓志铭。今天第一节没课，我争分夺秒地把作业改出来，在第二节课堂上点评。

在榕麟笔下，我说："攀源做的是最好的。"

作业嘛，孩子们都是认真对待的。有一部分学生还配了插图，图文并茂。其中以攀源做的为最好。她不仅写了优美的文字，还画了邓稼先的墓碑。作业很庄重、很精致，同学们都很佩服。

简短地讲评完作业，我们便进入新课学习。今天学的是臧克家的《说和做——记闻一多先生言行片段》。

闻一多先生离世34年后，他的学生臧克家满怀深情地回忆恩师的故事，其中写到他的研究成果《古典新义》。我提到"古典新义"这四个字的时候，看见杭哥在偷笑，我莫名其妙，又说了一遍这四个字。

哈哈哈，全班爆笑！

我恍然大悟——班上有位同学名叫谷点。"谷点"与"古典"同音，原来孩子们笑的是这个。梓妍画的正是这个场景。在梓妍笔下，我又回到了喜气祥和的"猫态"。敦厚的笑容，可爱的猫爪，是我的"喵星人"标志。善良、聪慧而有趣的姑娘啊，让我的生命多了一种美好状态。

我常常想，当我年迈力衰，在某一个午后，坐在阳台上，戴着老花镜，一幅幅翻看着这两个姑娘给我画的像，一定会情不自禁地笑出声来，然后调皮一下，"喵呜，喵呜"地叫两声。到那时，回顾自己的职业生涯，我会多么幸福！与孩子为伴，让我这平凡的一生有意思、有意义、有情调、有情怀。我算没有白白活过这一场。谢谢。

孩子们因为两个同音词而发笑，我也跟着笑。我说，是"古典"，不是"谷点"啊！（梓妍在画中把"谷点"写成了"点点"。）

"嗯嗯！"孩子们应和着。那个名叫谷点的小哥哥，脸微红，嘴角微微上扬，满满的价值感。

真的好啊，一点小事儿都能引发我们开怀大笑！笑过之后，继续愉快地学习。

孩子们拥有这样良好的心态，得益于班主任光叔和他们的父母的齐力引导与陪伴。

今天，有一件事特别令我感动。

寒假前，学校号召开展读书活动：老师、学生、家长共读一本书，每人写一篇读书心得。

我和班主任光叔逐一核对。是的，我随孩子们称他"光叔"。上学期，孩子们还都叫他"光哥"，当然，也有人叫他"光叔""光爷"。这学期一开学，光老师添岁增福，孩子们好像统一了口径，集体叫他"光叔"，没有人再叫他"光哥"。

称呼变了，人没变。他还是那样热情似火，慷慨激昂。

寒假前的最后一次家长会，他情真意切地鼓励家长朋友："朋友们，读书、写心得，也算咱们家长的作业。咱们把作业写好，就是给孩子做表率，这胜过苦口婆心的说教，是给孩子最好的教育。"

家长朋友很"给力"，人人都完成了读书心得。

有一个家长朋友叹息说："这太难了，我最多能写100字。"当她写够100字，发现实在太少了。她重新读，重新写，写到了 700 字。发给我的时候，她留言道："是我不好，老师，没给孩子做什么好榜样。我一定努力。"

刹那间，我热泪盈眶。

这个世界上的父母，没有能力高低之分，只有用心与否之别。

我仔细阅读了每个家长朋友的文章，或长或短，每个人都竭尽全力，真心实意地想通过这件事做好表率。言传身教，我们共同用书香建立起了新学期的新起点。

物理老师光叔成长于教师家庭，少年时期即阅读了大量世界名著。我跟他搭档了好几届，亲见他每一届都自费购买名著送给班上的每个学生。现在，他似乎多了一个使命：带领家长朋友做引领孩子的读书人，做与孩子同行的伙伴。

我在课堂上宣布："我们 57 个家庭，都是书香家庭！"

孩子们热烈鼓掌，为自己，为父母。他们的脸上，扬起自信的笑容。我想，这是早春最美的风景了！

下课后，我仔仔细细、一个字一个字地打出来：

"七一"班书香家庭 57 个（排名不分先后）。

茹心愿、苏杭、赵佳仪、戴龙辉、张朴衡、耿丹、张烨、李凌志、张梓妍、李勇磊、刘伊凡、王渝涵、安俊宇、魏郑宁、刘伯阳、顾明慧、李翊、钱冠宇、赵浩然、张诗鸿、张奕晗、何沛雯、李新语、翟星皓、付语乐、刘怡畅、谢俊言、王诗乔、马勇骁、蒲心阁、乔怡霏、刘怀恩、申攀源、禹琪、贺安新、郑茹丹、马钰钰、袁超凡、李嘉鹏、申烁、贾师彤、张榕麟、谷点、徐天明、闫埔鸣、郁丰泽、陈鲁豫、杨雯涵、高语婧、金玥、张益铭、曹常兴、荆明洲、郭奕男、刘永泰、任春玉、赵梓亦。

我对光叔、对每一个孩子和他们背后的家庭心生敬意。我也感到很自豪，在推动孩子成长的路上，我又前进了一小步。

我想起，周国平先生给儿子的信中有这样的话：

> 中国的教育一刀切，从小学开始，人的价值就被"分数"固定，这是一种愚昧。正确的做法，是让每个孩子都因为自己的优点而获得荣耀、快乐和自信！

2019年的春天，光叔将带着我们，携一路书香，成为更好的自己。

23：16，晚安，愿花开梦中！

## 4.
## 孩子，你们总是出乎我的意料

▶ 2019年2月26日　星期二

今天，榕麟为我画了第62幅画像，梓妍画的是第49幅。

我穿着浅蓝色轻薄羽绒服，内配黑白条纹羊毛衫。蓝色是我和女儿最喜欢的色彩，它代表着一种美丽、冷静、理智、安详与广阔。在我们的衣橱里，一年四季都有蓝色。从初中到大学，女儿的网名一直带有"蓝"这个字，本科做毕业设计的时候，为了给自己加油打气，她才改叫别的网名。

清晨，穿着这件衣服来到学校，我的心情自然是欢喜的。

我走过玉兰树下的时候，特意抬头看了看树枝，玉兰已经含苞。一想到很快就要看到满树丰硕的白色花朵，就忍不住站在树下笑了起来。

走进教室，课代表已经安排好早读任务。今早的任务是背诵默写《木兰诗》的前半部分。

"唧唧复唧唧，木兰当户织……"这首朗朗上口的北朝民歌，虽然还没有学过，但孩子们早已耳熟能详。背诵根本不是问题，问题在于默写。易错字可不少呢，孩子们能否过这一关，还是未知数。

初生牛犊不怕虎，未及我发出默写指令，孩子们便迫不及待地动笔默写起来。

我微笑着在走道上巡视。课代表昨天就知道今日的早读任务，所以写得快，他们陆续把自己的默写本交给我，之后也都跟着我巡视。

我最大的幸福之一，就是有几个特别"给力"的课代表。我把巡视的工作交给课代表，到讲台上批改他们的默写本。5个人里只有2个满分，另外3个都有错别字，平时特别细心的琪琪居然错了4个字。唉，看花容易绣花难吧！

下了早读，我批改其他同学的默写本，满分率比课代表的高，也没有特别严重的问题。嗯，不错，开心！

改到埔鸣的默写，我一下子笑倒了！

开篇"唧唧复唧唧"，5个字他本来写得全对，却又全部涂掉，重写一遍，变成了"唧唧'口复'唧唧"。

我一边笑，一边"脑补"一个画面：他把所有内容写完，又端详"唧唧复唧唧"，感觉哪里不对，于是把4个"唧"全部涂掉重写一遍，写完还是不放心，把"复"字也加了口字旁，这下"5张口"了，似乎是对称了，他放心地上交了。

孩子的错，并不是粗心大意，反而是经过思考才犯的。这令我欣慰。

于是，我在点评时学着他的样子，在黑板上写了一遍"唧唧'口复'唧唧"。

哈哈哈，小伙伴们开怀大笑，我也开怀大笑。画者榕麟用夸张的手法，把我的眼睛画得白花花全是笑出的眼泪。

早读之后，我们学习萧红的《回忆鲁迅先生》。

为了引起孩子们的学习兴趣，我故作神秘地说："孩子们，你们把书往后翻，翻到下一单元的《土地的誓言》。这篇文章的作者，是萧红的丈夫。"

孩子们充满了好奇，读作者的名字："端木……这是个啥字呀？哦，蕻（hóng）良……不对，老师，1934年，萧红是和萧军一起去拜访鲁迅先生的，不是这个端木蕻良，他是个日本人吗？"

我叹息一声："唉，爱情不容易啊！"

我只好讲起了萧红、萧军与端木蕻良的故事。

说多了都是泪啊！上课前我还在考虑，先不提端木蕻良，等学到《土地的誓言》这一课，再重提萧红，让孩子们知道夫妻俩的文章出现在同一本教材上。

后转念一想，今天先提端木蕻良，或许更能激发孩子的学习兴趣。

谁料想，孩子们古灵精怪，预习时已经查出了二萧的关系。对我来说，这个萧军，实乃"半路杀出个程咬金"。

好吧，孩子们，你们的追问出乎我的意料。这样也好，即便我今天躲过你们的追问，到了学《土地的誓言》时，我重提萧红，你们也会"打破砂锅问到底"。好吧，孩子们，敢于询问，乐于交流，是成长中最好的事情。

夜深了，我还不想睡，我还在想今天的故事。孩子们，你们正在慢慢长大，你们的错误、你们的提问，常常出乎我的意料。事实上，这些意料之外，也都在情理之中。我深感欣喜的是，我们的课堂上，既有我备课中的预设，也有你们的现场生成。或许是知识积淀，或许是精神成长，总之，每一个日子，都值得拥有和期待。

希望，未来的每一天，我不急，你们也不要慌。我们走着，问着，聊着，碰撞着，探索着，成长着——不管怎样，我们一定要快乐呀！

不忘初心，方得始终。感谢今天，祝福未来！

23：50，晚安。愿你们好梦，明早再相逢！

## 5.
## 孩子很萌，我很逗

▶ 2019年2月28日　星期四

2月27日，榕麟为我画了第63幅画像，梓妍画的是第50幅。

我穿着中国红轻薄羽绒服，内配黑色高领毛衣，外搭黑色薄围巾。也许是因为刚过完春节，我还沉浸在喜庆的气氛之中，偏爱红色。前几天，我去过两所小学，都穿着红衣服。两所学校的美丽女校长都说："杨老师，你穿红色很精神，我平时都不敢穿红色，看你这么一穿，决定也去买件红色的衣服了。"

今早，同事们看见我，也都说红色热情、减龄。

我欢欢喜喜走进教室上早读。今天继续背诵默写《木兰诗》。

哈哈，孩子们的错别字真是好玩极了！

比如，天明把"对镜帖花黄"写成了"对影帖花黄"，把"火伴皆惊忙"写成了"火伴皆惊亡"。

我点评说:"厉害了,我的天明。你让爱美的木兰对着影子梳妆打扮呀!"我走到光源那里,问道:"呃,我影子在哪里呢?"

孩子们说:"在你背后。"

我转过身,对着影子做"帖花黄"状,说:"这是什么'神操作'?"

哈哈哈——孩子们大笑。

我双臂弯曲,抱在胸前,装出一脸恐慌,说:"火伴皆惊亡?好可怕哦!5个字,就是一部灾难片。当雄姿英发的木兰换上俏丽的女儿装,不费一兵一卒,不费一刀一枪,只需要见一见火伴,就能把这一干人马给灭了。而这,绝非木兰本意。她的本意是给这些在打仗时与她同一个锅吃饭的人秀一秀英雄气概之外的女儿情态。"

哈哈哈——孩子们笑得更开心了!他们瞪大眼睛,缩着脖子,双手握拳,双臂收到胸前,说:"好可怕哦!"

我被孩子们逗笑,接着说:"在古汉语里,亡还有逃跑的意思。兼有英雄气与女儿情的文学人物,在中国文学史上,木兰独一无二。木兰换上女儿装,美到'没朋友',同伴一见她那沉鱼落雁、闭月羞花、倾国倾城之貌,都慌不择路,赶紧逃跑,作鸟兽散。天明,你错得有创意,错出了新高度。"

天明和大家一起笑倒了。自己的两个笔误,给大家带来如此欢乐,他并不觉得尴尬,而觉得有趣儿。下课后,他把错字订正了给我看,得到我的肯定后,他开开心心地找小伙伴玩儿去了。

榕麟把我当时的状态画得惟妙惟肖。她还特意给我的画像加了影子,既增加了立体感,又暗示了天明的"对影帖花黄"。

梓妍画的是诗鸿的故事。

"开我东阁门,坐我西阁床"被诗鸿写成"开我东阁门,坐我西阁窗"。

我指着教室的窗子说:"也只有孙悟空这样能够伸缩自如、七十二般变化的人，才能坐在窄窄的窗台上吧！诗鸿，你只用一个字，就把身经百战、胜利归来的木兰变成了神通广大、无所不能的孙悟空了。"

孩子们像美猴王一样手搭凉棚，看向我指着的窗户，开怀大笑。

下课，诗鸿把订正过的字给我看。他笑嘻嘻地说："老师，你真逗！"

梓妍只画了我一半背影。从手指窗户的背影就能看出我的快乐。梓妍用虚线画出美猴王抓耳挠腮、携金箍棒坐窗的形象，挺有创意，也有喜感。

哈哈哈，孩子们笑过之后，也玩起了文字游戏。

我说："《木兰诗》是一首乐府民歌。乐府诗是继《诗经》《楚辞》而起的一种新诗体……"

"尸体？"榕麟不动声色地追问。

哈哈哈，大家都看着她笑。榕麟是一个寡言少语的女孩儿，不管外界如何喧闹，她始终保持安静，今天却投身于欢乐的海洋，激起美丽的浪花。我不知道是因为我营造的欢乐气氛吸引了她，还是因为同学们的热情奔放感染了她，或者是她本能地想要表达，总之，她推动了故事的发展。

换一种想法，就会换一种教法。从积极的角度去看孩子的错误，或许大人就可以不那么焦虑，反而喜气洋洋、欢乐无限了。孩子则会因为身处轻松愉悦的环境而变得更加聪明有趣。教育的目的，是师生之间相互促进、彼此启发、共同成长、创造幸福。那么，孩子，我们拉钩约定：面对错误，不要害怕，不要畏惧，积极修正；你们要一直很萌，我要永远够逗。

这篇日记的产生有波折。

27日夜，我打开手机准备写作，还没动笔就犯困，迷迷糊糊睡着了。醒来已至子夜，智能音箱正在播放深情款款的钢琴曲《彩云追月》，我一下子清醒了，继续写作。与文字为伴，与音乐共处，与孩子同在，以这样的方式迎来2019年2月的最后一天，甚是欢喜。

蓦然想起，校园里玉兰树的枝头，已挂满了淡绿色的、毛茸茸的、像小梭子一样的蓓蕾，此时，它们正在商讨着绽放事宜吧？新的一天，孩子又将习得新知、发现美好，也会产生烦恼、有些困惑、犯下错误……无论是哪种状态，都何尝不是成长与绽放！

2月28日1∶36，道一声晚安，再道一声早安！

## 6.

## 3月的风，
## 就在我的窗口

▶ 2019年3月1日　星期五

2月小，2月28日是2月的最后一天。榕麟为我画了第64幅画像，梓妍画的是第51幅。

我穿的是一件多彩薄款羽绒服。这件衣服春节前穿过。

榕麟一见我就说："你怎么又穿这件衣服了？"

我说："嗯，我最近没有再买新衣服……这件是不是很难画？"

她说："是的。"

我昨天才知道，榕麟之所以给自己取了个笔名叫"言沫"，不是因为这两个字好听，而是因为取"言末"的谐音。她的意思是要少说话，所以她的语言一向简洁。但我懂她的意思。她不是怕我衣服重复，而是说这件有七种颜色的衣服很难画。

我担心的则是：衣服重复了，她和梓妍感觉没有新意。

她说："没有关系，我们俩给你设计服装。"

梓妍也说："没事儿的，老师，我们给你画件新衣服。"

两个女孩一商量，就在衣服上画出了这样的图案：最底端，有红的花、绿的草，其他地方是纯白的。

我看着画像，心底盛开着一万朵红的花，生长着一万棵绿的草。她们给我设计的不是一件衣服，而是一万个美丽的春天。

这是两个多么善良的孩子啊！她们体恤我上学期为了配合她们画像买了很多衣服，不舍得让我继续这样花费。的确，为了促进她们热爱绘画、精益求精的精神，我像着了魔一样买衣服。两个画者怕我开支太大承受不住，就想了一个好办法：画像时把我之前穿过的衣服稍加改动，就是一件新衣服了。她们认为，这样的话，我就不必频繁购买新衣了。哈哈，还真别说，这也是培养她们创造力的新途径。不过，我今天又买了几件，新衣服已经在来找我的路上啦。初心不改，我一如既往地支持她们，也要来真格的。再说，这样好的时光，不穿新衣就是对春天的辜负嘛。

雨果说："生活中最大的幸福是坚信有人爱我们。"我有这样关于爱的信念，也有对两个孩子的不尽感激。我敢说，这件她们根据想象设计出来的衣服，比我之前穿过的所有衣服都好看。

我再来写写画中的故事。

梓妍画的是刚上课时的情景。

那时上课铃声已响过，可有一些孩子仍不以为然。他们嘻嘻哈哈，我行我素。我严肃批评了正在说闲话的语婧，并扣了她一张牌。语婧算是被"语禁"了，然而，这并没有引起其他同学的警觉，小声说话的嗡嗡声还持续不断，甚至语文学科总课代表小乔也还在热热闹闹地收作业，同学们陆陆续续把作业本传给她，她非但不阻止，还热情洋溢地接收，给对方一两句指点和建议。

我叫她："乔总，怎么还在收作业呢？"

她分辩说："他们都要交给我。"

我提高了音量，铿锵有力地说："不要推卸责任！你是总课代表，如果连你都不能守住原则，那怎么行？扣牌！"

教室里静下来了。

我开始讲课。被我批评过的语婧和乔总情绪低落，不说话，也不专心学习。我没有再批评她们，也没有强行命令她们听课。孩子最怕被连环定错，要给犯错的孩子一个缓冲与转变的机会。我慢一点儿，她们就会快一点儿进入状态。大人要时刻记得把"等待"两个字落到实处，让她们开花结果。

我采取了另一种方式。我提问了语婧，她答出了70%，我肯定了她的回答，又提问了别的同学，将剩下的30%补充完整。

被我"点将"之后，语婧和之前不同了，她开始积极思考，主动发言。乔总呢，本就是我的得力助手，自然不会纠结于被扣牌这事儿。她们俩调整状态以后，成了语文课堂中两颗明亮的星星。这让我再一次确认，孩子的错，很多时候就是教育的契机。

她们的每一次良好表现，我都及时给予肯定，最终给她俩每人加了1分。

赏罚分明，一码是一码，该批评就批评，该鼓励就鼓励。这是我的教育准则。

有趣的是，我点语婧的名字要给她加分的时候，她正拉开书包，好像要找什么东西。听见我点名表扬，她赶紧把书包推进抽屉，一节课再也没有碰书包一下。后面的时间，除了听课学习，她没有任何分神儿行为。

美国心理学家詹姆斯说过："人类本质中最殷切的需求是渴望被肯定。"得到公平厚爱的孩子，脸上满是明媚的微笑，学得更加认真。她们似乎已经全然忘记之前被批评过。

别的同学也都很投入，没有人说闲话，也没有人东张西望。

每一个个体问题的妥善解决，都会对集体起到警示引导的作用。

学到"对镜帖花黄"时，孩子们追问花黄是什么，我说："花黄是古代妇女的一种面饰。用黄粉画出或用金黄色的纸剪出星、月、花、鸟等形状贴在额上，或者在额上涂点儿黄色。这种化妆方式起于秦代，至魏晋南北朝隋唐时成为流行的妇女面饰。"

烁儿叫道："红孩儿！"

烁儿一下子找到古代女性的面饰与红孩儿眉间的一点红的相似之处，脱口而出。

我肯定了烁儿联想能力强大、反应快。烁儿很高兴，小伙伴们也都很高兴。榕麟就把这一幕画了下来。

哈哈，我又有一个表情包了！从梓妍笔下的生气脸到榕麟笔下的微笑脸，我只用了半小时的时间。生气也好，开心也罢，终归是要帮助孩子把他们自己变得更好。

下课，乔总和语婧交给我牌的时候，都面带微笑，很愉快。她们知道，无论是表扬还是批评，我都是一样爱她们的。我的爱，不曾因为她们的错误而减弱一分。

她们去玩了，我拿着牌看。新学期，牌的图案也换了。这一学期的牌是梓妍设计的。牌是浅蓝色的底面，正中间伏着一只肥嘟嘟的黑猫。嘿，光叔这一招儿不错，让美术爱好者们轮流设计牌，既可以像榕麟那样考虑使用者的感受，也可以像梓妍这样画上自己喜欢的图案——这是对设计者的鼓励与奖赏。设计者能够从中体验创作的快乐，发现青春的价值；也或许，正是这些作品，对设计者的成长产生深远影响。教育无小事，细节常常暗藏人生的无限可能。

　　这篇小短文，从2月写到了3月。

　　此时，3月的春风就在我的窗口。这是全世界最美最柔的风，我虔诚地把它送给你们。

　　道路千万条，健康第一条。3月来了，我将不再这样熬夜写作。"画中话"当天写不完，就第二天补；第二天补不完，就第三天继续补。每天心心念念，总会在双休日补齐的。万物复苏，欣欣向荣。我也该顺应自然界的规律，按时作息，适当锻炼，舒畅条达，恬然淡定，怡养心神。也盼你们宁静祥和，健康快乐，过一个美好的3月。

　　0：51，晚安，亦早安。

# 7.
## 我希望孩子爱上学习，但不想讲道理

▶ 2019年3月2日　星期六

　　3月1日，星期五，我穿着以前穿过的黑色连帽羽绒服，内配黑色羊毛衫，搭黑色休闲裤，黑色运动鞋。用榕麟的话说就是"一身黑"。我配了一件宝蓝色的长围巾来增色，刚刚好！

　　榕麟为我画了第65幅画像，梓妍画的是第52幅。

　　她俩画的是同一个内容：课堂上，我正慷慨激昂地讲着，忽然，我看见小马哥张大了嘴巴，哈欠"三连打"：哈——哈——哈——眼泪顺着他的脸颊流了下来。随后，小马哥用力地挤了一下眼睛。

　　我忍不住想笑。

我模仿他的样子,假装打哈欠,使劲儿挤眼睛。梓妍的画像表现出来了。嘿,肥嘟嘟的猫爪真抢镜!

哈哈哈,孩子们都笑起来,小马哥也笑。

我说:"哎呀,小马哥打哈欠带出来汹涌澎湃的眼泪,他一定是没睡好。回来我看看哪家银行失窃了。"

哈哈哈,小伙伴们又笑起来,小马哥仍然跟着笑。一堂课余下的时间里,小马哥再没有分神儿。我想,我逗他玩儿,全班两次大笑,驱赶了他的困意,他也发现了课堂的趣味。我希望孩子爱上学习,也希望他们考出好成绩,但是,我不想讲大道理。我想把成长变得有趣一些。

我的闺蜜萍姐,52 岁。她常常羡慕我做了老师,也常常回忆她中小学老师的教学故事。她最难忘的,是初中语文老师。

她说:"我的老师很有才华,能写戏文,语言很活泼,村里的人都喜欢唱他写的戏文。他的戏文被传唱到县里,县文化馆的创作人员还到学校找过他。我们都替老师感到自豪,学他的课可带劲儿了!他还非常幽默,同学迟到了,他不是声色俱厉地批评,而是逗他笑。他说:'这位同学,你很辛苦啊,人家都早早来到学校读书,你却在家里背大床。'因为他开朗热情,我们都盼着上他的课。那时学到的知识我到现在还记得。我的化学老师就和他截然不同,化学老师整天铁青着脸,大声训斥,很吓人。我们都怕他,学他的课也都是被动的,都是得过且过的。"

这是 40 年前的事了。萍姐仍记忆犹新,津津乐道。她其实是一个寡言少语的人,平时和我在一起,她半天都说不了几句话。可是,说起少年时代的老师,她却有这样行云流水般的表述,自然是因为这两位老师给她留下了深刻的印象,对她之后的成长产生了影响。她说起语文老师的时候,眼角眉梢都含着笑意,而说起化学老师,用的则是压抑的语调。

现在她的女儿也做了老师。她常常跟女儿说:"妞妞,你跟学生说话,不要语气生硬，要用活泼幽默的语言跟学生沟通，学生愿意听，也喜欢和你在一起。"

我想起卢梭说过，世界上最没用的三大教育方式就是讲道理、发脾气和刻意感动。萍姐所说的活泼幽默，其实就是贴近学生，说学生喜闻乐见的俏皮话，不讲空洞的大道理。

确实是这样的。

我不跟小马哥讲道理，而是跟他逗着玩儿，他也乐意跟我交流。

下课，他来找我，说："老师，我昨晚没有抢银行，我盗墓去了！"

哈哈哈，我笑起来，追问："谁的墓？"

他说："高祖刘邦！"

我说："大风起兮云飞扬，威加海内兮归故乡，安得猛士兮守四方！这是传奇皇帝、布衣天子刘邦著名的《大风歌》。你从河南郑州到陕西咸阳盗墓，那真是日行千里，夜行八百了。高祖墓是有好东西的，金缕玉衣、皇后之玺、比秦兵马俑更生动的汉兵马俑、汉瓦，样样堪称国宝，价值连城。"

我们俩聊了一会儿，甚是开心。我忽然想，小马哥是数学"学霸"，语文学得不够好，我这样趁机跟他卖弄一点儿学问，说不定能够激发他爱上语文的兴趣呢！若如此，该多好啊。如果这一招不管用，我就再想别的方法，总之，不能空讲大道理。

23：45，周六晚安。

## 8. 3月里的孩子，令人惊喜不断

▶ 2019年3月4日　星期一

今天，榕麟为我画了第66幅画像，梓妍画的是第53幅。

气温继续回暖。3月的步子，越来越轻盈，越来越温暖。我脱去羽绒服，穿上轻薄的青花瓷民族风夹棉上衣。衣服前襟有一排稠密的中国红盘扣，脖子上配着中国红长围巾，似乎有一丝丝知性与优雅呢。

上课前，我一从后门走进教室，就听见有孩子嘀咕了一句："败家老杨！"

我不禁窃笑。这孩子语文学得不错嘛，这是正话反说，夸赞我衣服好看，表达对我的好感呢！

忽然想起，著名的女侦探小说家、三大推理文学宗师之一阿加莎·克里斯蒂说："女人啊，最大的心愿就是有人来爱她。"

我得意扬扬地走出教室，在楼梯口等榕麟和梓妍。我没有在座位上看见她们，我猜她们应该是去了楼下洗手间。我站在这里，她们一上楼就能看见我。

果然如我所料，她们看见我就开心地奔过来，上上下下打量我，轻轻握一握我的袖管，感受一下衣服的厚度与柔软度，异口同声地说："好看！"

"天青色等烟雨，而我在等你……"梓妍轻声唱起周杰伦的《青花瓷》，声音比楼前树枝上的鸟儿鸣唱还动听。

我们一起走进教室。过一会儿就上课了。

坐在最后排的朴衡在看黑板的时候，一会儿捂住左眼，一会儿捂住右眼，一会儿揉揉双眼，眼皮都红了。

我一边模仿他捂眼睛、揉眼睛，一边关切地问："你的眼睛怎么了？坐后面看不清吗，面条？"

因为朴衡曾在语文课上玩胶带，像做面条，我就给了他一个昵称"面条君"。

我这样模仿他的时候，大家都笑了。

我说："看不清可以往前排坐坐啊。"

朴衡没有往前坐，也没有继续捂眼睛、揉眼睛。

梓妍把我画得多么萌啊！圆润的小猫爪捂住一只眼睛，另一只眼睛睁得溜圆。做一个穿着青花瓷衣服的"猫人儿"，真是快乐而幸福啊！

榕麟画的我则在眯着眼睛笑。衣服比梓妍画得修身一些。

画面上的我在说："'学'习，哈哈哈。"

这是孩子们在读《孙权劝学》时的情景。我清晰地听到有孩子嘴里跑风，把"学"读成"xuó"。哈哈，太可乐了！一不留神，方言都出来了。

孩子们也被逗笑了。单纯的人，欢乐也很简单。

《孙权劝学》是一篇只有100多字的小短文，很快就接近尾声了。

我问："吕蒙的进步给了你怎样的启示？"

孩子们畅所欲言，从不同角度做了分析。

我提问了和朴衡坐同桌的"金句王"任哥。

愿儿推测说："又要'爆金句'了！"

可是，玉树临风、英俊潇洒的任哥，并没有"爆金句"。他是徐庶进曹营——一言不发。

我问了一句："爆什么？"

"抱孙子！"星皓抢着说。

哗——哄堂大笑！利用"爆"与"抱"的同音，调皮的星皓恰到好处地缓解了紧张的气氛。

任哥不紧不慢地说了一句话："吕蒙的进步给我的启示是，有多大的权力，就得有多大的能力，而能力来自于学习。"

哗啦啦——小伙伴们的掌声经久不息。任哥睿智，"能力"与"权力"两种"力"，要协调统一，匹配得当；而"力"与"习"，又很押韵。果然是妙语金言，真不愧是"金句王"！

因为这样一群孩子，我真想长在课堂上，永不下课。

课堂有欢乐，课下也并不是空白的，也有温暖。

下午放学，我有一个资料夹需要带回家，走时却把资料夹遗忘在了学生的课桌上，走出好远才想起来，赶紧转身去拿。

一走进教室，怡畅就把资料夹递给我。

她问："老师，您是不是丢东西了？我正想着让班主任光叔帮您保管一下，明早来了给您呢！"

我接过资料夹，感受到孩子指尖传来的比窗外17摄氏度的春天更美好的温暖。

3月是个让人情不自禁嘴角上扬的月份。3月里的孩子，令人惊喜不断，感恩不已。谢谢！

22：56，晚安。

## 9.

### 春天是一段路程

▶ 2019年3月5日　星期二

　　今天是一个极为温暖的日子。我继续走民族风路线，穿中国红超短款上衣，衣襟上有密密的绣花。榕麟为我画了第67幅画像，不过她把日期写成3月2日了。梓妍画的是第54幅。

　　今天我们学习光未然的《黄河颂》。

　　这是一首气势磅礴、直抒胸臆、清晰明了的现代诗。我没有事先布置给孩子们预习的任务，上课直接检查了字词的掌握情况。

　　小丹同学把"气魄"的拼音写成了"qìpào"。我们都情不自禁地笑起来。梓妍画的就是这个场面。

　　小丹是个安静勤奋的女孩儿。她跟"学霸"烨子坐同桌，深受烨子的影响，平日里作业认真，学习努力，但上次期末考试她没有考好。我一直在找原因，今天终于明白，认真的小丹也有粗心大意或掌握不牢的时候。她出了这个错，除了给我们带来欢乐，也给她自己带来反思。孩子出错，从来都不是坏事情，而是好事情。拨开云雾，在错误之上建立新的认知，何尝不是美事一桩呢？

小丹有一双明亮的大眼睛，嘴角常含笑意，言语却很少。平日里，她基本不主动跟老师交流。

有一次，她和烨子的座位轮转到第一排靠门那里。我上完课，一只脚已经跨出门，突然，小丹叫了我一声："老师，您是不是信阳人？"

我收回已经迈出去的脚，告诉她："对呀，我是信阳罗山人！"

她笑眯眯地说："我老家也是信阳。"

我说："哈哈，你是我的小老乡啊！老乡见老乡，心里亮堂堂！"

我们相视一笑。印象中，这也是她唯一一次主动跟我交流。事后我想，她等到我要出门时才叫住我，一定是起先犹豫不定，最终鼓足了勇气的。这是她的一小步，也是一大步。毕竟，超越自己并不是一件容易的事。

那么，对这样一个孩子，这一次她写错了拼音，自然是不需要批评的。笑一笑或许会使她感到信任的力量。

课程在紧锣密鼓地进行中。坐在小丹后面的超凡对这3行念念不忘：

啊！黄河！

你一泻万丈，浩浩荡荡，

向南北两岸伸出千万条铁的臂膀。

他三番五次地提起这几句。

我忍不住调侃说："我超凡哥一直在说'铁的臂膀'，那你来赏析给我们听听吧！"榕麟画的是这个场景。

超凡是个爱笑的帅气男生，却又时常显出一点儿羞涩。我原以为，漂亮的人都用不着害羞，可有的人偏偏不拿"颜值"做资本，超凡就是这样的人。他不以自己的俊貌为骄傲；他喜欢学习，但他不喜欢语文，不喜欢数学，也不喜欢英语，他喜欢的学科是生物。上学期的语文课堂上，我很少听到他的声音。一节又一节课，他静静地度过了。他学到的其实并不多。可是，这学期一开学，我就感到他比上学期长大了，爱上语文了。今天的主动发言就是一个例证。

　　我特意叫他"我超凡哥"，以示亲近。我提问他，请他赏析"铁的臂膀"，他答得不太好，但他毕竟在努力靠近语文了。我要做的，就是看见他的成长，并给予鼓励。

　　这是有效果的。下课后，我坐在教室后面的空位上改早读默写。超凡凑过来问："老师，我有没有错的啊？"哈哈，这简短的问句，足以说明我们在彼此靠近了。

　　我顺着小丹与超凡的成长，想起来一首老歌《心愿》。这是多年以前一位最好的朋友推荐给我的。我搜索出来，单曲循环。

　　在春天的夜里，歌者的声音尤为清澈。我想，不仅是小丹和超凡的成长，还有其他孩子的变化，都应了这样的歌词：

童年有一群亲爱的人，春天是一段路程。

　　22：36，晚安，好梦。愿梦里尽是春天。

## 第二辑

**幸福如你，暖我心际**

## 10.
## 孩子的所有成长，都令我开怀大笑

▶ 2019年3月7日 星期四

3月6日是惊蛰节气，也是农历正月三十，正月的最后一天。榕麟为我画了第68幅画像，梓妍画的是第55幅。

春雷乍响谓之惊，万物复苏谓之蛰。仲春已至，生机蓬勃。走到教学楼前，抬头看看玉兰树，原先淡绿色的、毛茸茸的、像迷你版小梭子的花苞，已炸开了一个小口儿，吐出象牙白的花蕊。要不了几天，校园里的玉兰就盛放啦！在玉兰花下行走或玩乐的孩子，也会为一朵花驻足么？

气温倒是下降了一些，比前一天冷。我穿了浅蓝色轻薄修身羽绒服。纯色的衣服，对于画者来说毫无障碍。她们主要抓表情及故事情节。

今天学习陆定一的《老山界》。杭哥把"陆定一"说成了"陆一定"，哈哈哈，我们笑起来。梓妍画得还真是惟妙惟肖。你看，她让我以猫爪托下巴，张大嘴巴，开怀大笑。一只"喵星人"能笑成这样，简直萌生出一个美丽动人的春天啊！

杭哥本名苏杭。我上一届学生中也有一个叫这个名字的男生，所以点他名字的时候，会想起与他同名的学长。小伙伴都说，苏州杭州出美女。但杭哥是男生，孩子们没法叫他"美女"，就叫他"美男子"咯！

在梓妍的画中，我在说："哈哈，我的儿啊，是陆定一啊！"

星期二，杭哥犯了一个错误，我把他叫到身边狠狠地批评了一顿，事后也与他有交流，他似乎对自己的错误认识得并不彻底。我没有强求，一时解决不了的问题，就交给时间吧！这次称呼他为"我的儿"，是在暗示他：孩子，不管你犯了怎样的错误，我都像爱自己孩子一样爱你如初！

杭哥面带微笑，缩缩脖子，耸耸肩，意思是：不好意思，弟子闹笑话了。

挨批之后，第二天他上课一直很认真。或许，我们谈了话，又过了一天，他对自己的错误认识得更深刻了吧。孩子的成长，终归需要大人有一颗等待的心。总之，3月6日的杭哥，比3月5日的杭哥有进步啦！这自然是令人欣喜的事情。谁知杭哥用力过猛，抢答时把作者名字念颠倒了。哈哈哈，孩子是多么天真烂漫呢！

继续上课。

感觉 E 有点儿不对劲。走过去一看，他在画小人儿！

我把他的画取过来。

另一个男生 Y 在我身后说："E 喜欢画画，他的理想是考上中央美院！"

哈哈哈，我笑起来，我说："太可爱了！"

我说他"太可爱了"，事出有因。

E 和 Y 是一对"小情敌"，两人喜欢同一个女生好久了。那位女生对他俩都没有感觉，他们只是她的两个普通的男同学。女生喜不喜欢他们倒不是他们生活的热点，热点在于他俩"相爱相杀"。他俩经常互相看不惯，产生小摩擦，也经常一不留神就把互相贬损变为彼此赞美，或把彼此赞美变为互相贬损。

昨天，我改作文。有《我的好朋友》《争论》《让我感到＿＿的人》3个题目可供选择，E选择了《我的好朋友》，但他又把"好"字涂掉了，变成了《我的朋友》。他是这样开篇的：

> 提起同学朋友，我第一个想到的就是那个小胖子。不过，我一想，他只是我的同学，算是普通朋友，不能算到"好朋友"之列，因此我把这个"好"字划掉了。

文中，他写了Y的一些糗事、乐事。最后一件是Y在音乐课唱歌的情景。他写道：

> 别人站到台上都紧张得脸色煞白，眼睛死死盯着乐谱，只有Y，因为有些音乐细胞，得意地"凹造型"。只见他有时45度角仰望天空，有时双目微闭、摇头晃脑，一副陶醉于音乐的样子，逗得大家都笑出了腹肌。

他的结尾是这样的：

> 我与他之间，与其说有什么友谊，不如说是粉丝对明星的热爱。因为我听过他唱歌，他却对我不熟悉。但我们又都知道，他是个富有才华却又哗众取宠的人。

哈哈哈，两个孩子，一个爱画画，一个爱音乐。"艺术家"的背后，总有些有趣的故事。只是，好好的欲扬先抑手法，硬生生被我的弟子 E 变成了"写无定法"。只有孩子，才有这样随心所欲的写法吧！所以，我不由感叹"太可爱了"。榕麟画出了我的喜气洋洋。是的，孩子的所有成长，都令我开怀大笑。谢谢孩子。

2：55！请不要以为我是个夜猫子，不分昼夜地写作，进而为我的健康担心。这篇日志，我在 3 月 6 日写了个开头儿就睡着了，一觉睡到 3 月 7 日 2：06，揉揉惺忪的睡眼，请智能音箱播放优美的钢琴曲，渐渐清醒，打开手机，把日志写完。

好了，我要重新回到梦乡中了。愿无论是现实还是梦中，我们大人都时常被孩子打动。

## 11.
## 每一个意外，都需要暖意

▶ 2019年3月7日　星期四

3月7日，女生节。我穿着灰色大衣，配明黄细黑格子围巾。黄色是很神奇的，围巾带出了整个人的朝气与活力。榕麟据此为我画了第69幅画像，梓妍画的是第56幅。

课堂的第一个环节，照例是抽签提问3个人背诵并赏析美文。结束的时候，新语指着旁边的茹丹说："老师，您再提问一下她吧，她说她想背。"

茹丹轻笑着推了一下新语的胳膊："我说的是我下课找老师背！"

周围的同学也都说："老师，提问她吧，她背得可好了！"

小伙伴起哄，茹丹的脸微微泛着红。

按常规，每堂课只提问3个人背，抽签没有抽到却又想背的，就下课找我背。这一次，众人推举茹丹来背，是个意外。

如果孩子成长的所有程序都是按部就班的，那就太程式化了。于是，我顺应"民意"，破例增加了茹丹背美文。我和孩子们热情地鼓掌："让我们欢迎茹丹来背美文吧。"榕麟把我画得笑逐颜开，非常符合实情。

茹丹就是那个经常给我带画像的女孩儿。她一向低调，总忽闪着一双美丽动人的大眼睛，静静地笑着。这使得她浑身散发一种别样的气质。我曾经悄悄拍摄过她读书的背影。真奇怪，连她的富有光泽的马尾辫都散发着迷人的书香。我很多次被她震撼，但从来没有告诉过她，只是一日比一日更加深厚地爱着她。

茹丹落落大方地站起来，以不快不慢刚刚好的语速娓娓道来：

因为昨天刚好是惊蛰，那当然是清朝张维屏的《新雷》最合适咯！"造物无言却有情，每于寒尽觉春生。千红万紫安排著，只待新雷第一声。"《道德经》上说大音希声、大象希形，大自然就是这样的存在，它看似沉默寡言，其实把一切都安排得妥妥当当；它看似无情不仁，其实有好生大德，寒尽春来，四季轮回，从不失约。

偌大的教室里，只有茹丹纯美动听的声音。所有人都沉浸在她以美妙的音色吐出的句子里。那种感觉，简直美到极致。她的话音一落，哗啦啦——春雷一样的掌声响起来了！我也热情地为她鼓掌。

惊蛰刚刚过去一天，我看了看窗外，天空湛蓝，云朵轻盈，春泥暖树，万物生长。忽然想起汪曾祺先生《人间草木》里的句子："一定要爱着点儿什么，恰似草木对光阴的钟情。"

课堂有序推进。又到了抽签读课文的时间。前面几位同学读得都不好，终于到了鲁豫。鲁豫是一个学习好、性格好、颜值好的"三好国民姐姐",大家对她的朗读都充满了期待。

谁知,她一开口就卡壳了。

她用手捏了一下喉咙,说:"咳咳,我的嗓子……"

这又是一个意外。我有点儿惊讶,关切地问她:"鲁豫是嗓子不舒服吗?"这个场景被梓妍画出来了。我自己都没有觉察的温馨,被孩子发现了,真幸福。

这让我想起另一个孩子。开学以来,他一直让我感到意外,上课几乎不抬头,每节课都趴在桌子上睡大觉。说实话,课堂上偶尔犯困可以理解,情有可原,但把睡觉变为课堂常态就出乎我的意料了。我轻轻把他推醒,告诉他:"你的作业没写完,补一下好吧?我下午课前来收。""你的默写没有过关,补补呗,我给你改。"我也出乎了他的意料,他本来是想破罐破摔的,我却从来没有放弃,并且陪他一起做,这打动了他,他就一遍遍不厌其烦地做,一字字地改给我看。每一次,我都认真仔细地批阅、指导。他感受到我付出的暖意,一天天鲜活起来。

有一个课间,他过来跟我说:"杨老师,您让我对学习有了一点儿信心。"

哦,真是太神奇了!如果孩子的表现出乎我们的意料,那就不要在事件本身上纠缠不休,而要去想想解决办法。如果解决不了,就给予理解和原谅。

23:15,晚安。女生节快乐!

## 12.
## 爱与幸福感，
## 将成为我课程中的要点

▶ 2019年3月11日　星期一

3月8日，是农历二月初二。民间有言："二月二，龙抬头。"这一天，也是一个美好的星期五；这一天，还是一个幸福的节日——国际妇女节，这是一个为庆祝妇女在经济、政治和社会等领域做出的重要贡献和取得的巨大成就而设立的节日。近年，人们可能觉得"妇女"这个称呼虽然准确，但不够好听，就纷纷把这个节日说成"女王节""女神节"。哈哈，不管什么节，总之我过节。

在我的节日，榕麟为我画了第70幅画像，梓妍画的是第57幅。

这一天，我身着节日盛装：军绿色修身长大衣，外搭一条绿白格围巾，内

配黑底暗蓝亮丝打底衫，另搭黑色长裙。早晨到学校，同事们看见我，都说："哎呀，绿色的大衣真漂亮，让人感觉你就是春天！"

榕麟把我的衣服画成了湖绿色。也许，小孩儿认为军绿色不够鲜亮，而我在自己的节日里就该更加靓丽吧！她给我画上了金光闪闪的王冠，同时画上了一套粉色娃娃领套装，写上"女神节快乐"的字样。我明白，她的意思是过节了就要添新衣，而她希望我所添的新衣是粉色"少女系"。孩子是多么单纯，她忘掉了我的实际年龄，只希望我有一颗少女心。她认为，粉色应是女人永远的颜色。真美啊！

梓妍画的则是我喜笑颜开、张开双臂的样子，我说："今天终于可以见女儿了！"

是的，上完课，我跟孩子们说了这句话。那种即将与女儿重逢的喜悦，真是难以抑制啊！我还说："我女儿已经离家10年，从她18岁上大学那一天起，家就不再是家，而是客栈了。上学的时候寒暑假还能回来；工作了就只有法定节假日回来，我们一年见不了几面。所以，每一次见面都很兴奋。孩子们，你们已经13岁了，再过5年，你们也要离开父母去念大学了。现在，要好好珍惜与父母相处的时光哦。"

梓妍是个很重视亲情的孩子。每一次我谈父母子女之间的爱与亲情，她的画像里都有体现。这让我很感动。

榕麟和梓妍，是两个很有眼光的姑娘。在我的节日，她们通过给我画像，让我的课堂超越了讲台，向心灵深处对美与爱的追求延伸拓展。

平日里，我经常会遇到老师、家长提问："怎样与孩子和谐共处？"

我来统一回答：大人应该有责任和义务、智慧与情怀，在恰当的时候给予孩子交流与引导、陪伴与鼓励，并永远对孩子心存感激；做到这样，亲子、师生之间就不难相处了。当然，说起来容易，做起来真的有点儿难。

星期五下午，我到了北京。女儿带着两只泰迪狗咕叽和嘻哈到高铁站接我。

母女相见，分外开心。狗狗们也欢喜异常。女儿把狗狗们锁进车里，她去出站口接我的时候，咕叽竟然踩亮了车灯，摁响了喇叭。

回到家，我看到了女儿对狗狗们的关爱。中午，她们部门为了犒劳女员工，聚了餐，下午放了半天假。女儿把一些吃剩的肉骨头带回家，一遍遍水煮，除掉油盐，然后把骨头喂给狗狗们吃。狗狗们口爪并用，奋力啃食，一丁点儿肉屑都不残留。哈哈，狗狗们是多么简单，得一根骨头，就有无限欢乐。我想起曾经读过艾伦·科恩的《你像你的狗一样快乐吗？》。这个书名太棒了！像狗狗一样快乐，是一种有广度、有深度、有宽度的哲学思想，难怪这本书会畅销。

3月9日是个星期六。我要去参加延庆五中家长大讲堂。女儿起了个大早陪我。闺女真是妈妈的贴心小棉袄。

我在学校的室内体育场做讲座"了解孩子，贴近孩子"。可是，前一天晚上调试过的投影仪，在我上台的时候坏掉了，修理已经来不及。没关系，我并不着急。女儿在身边，母亲就会从容淡定。我一边讲，工作人员一边更换投影仪。一会儿就换好了。对我一个半小时的絮语，600名学生家长给予了极大的支持，听得非常认真。讲座结束，他们离开，整个会场干净整洁，无一片垃圾。

会后，大家夸我讲得好。我说："哪里是我讲得好，是家长朋友够厉害！他们让我明白，讲得好不如做得好。最好的教育，不是大人说、孩子做，而是大人把自己活成孩子的教材，言传身教。"

中午，陪同我做讲座的美食家阿朱小哥哥和他的朋友驱车带我们母女俩到柳沟品尝豆腐宴。细细长长的路，两边是空旷的田野、画儿一样的树，还有连绵起伏的青山。行驶其中，我们以为自己是去拍一部唯美电影。原来，热闹、繁华、匆忙的北京城，还有这样一个悠闲自在的好去处。

到了目的地，我们进入修葺一新的小院。院落里大红灯笼高高挂，窗花鲜艳喜庆，一条金毛犬安静地看着我们，目光明亮而清澈。一个又一个的小火锅，咕嘟咕嘟煮出热腾腾、香喷喷的民俗生活；加上一碟又一碟的小菜，一杯又一杯的豆浆，服务员热情周到的北京话，感觉整个老北京都在这张桌儿上了。难怪有人说，美食是这个世界上最好的语言。

更为有趣的是，我与阿朱小哥哥相识很久，却不知道他是哪里人。这次饭桌上就聊起这个话题。原来，他是湖北麻城人，他的朋友是湖北大悟人，这两地离我的家乡信阳罗山都很近。他朋友的妈妈就是我们罗山周党人。

我说："我们真的好近啊！具体有多远呢？让我想想。"

女儿说："就是我们家到延庆的距离。"

我们都笑了。可不么，真的就是这样。女儿从小就有一种化繁为简的能力。复杂的事情，她总能用简洁的语言表达得准确清晰。比如，我羡慕某个人眼睛大，女儿就说："可是她心眼小啊！"我们一家去参加一个6人聚会，我说："我们3个是亲的。"女儿说："他们3个是拼的。"好吧，她就是我们家的"金句王"。一个在爱的氛围里成长的人，一定是内心快乐且精神自由的。

晚上，我们一家人出门遛狗散步。女儿女婿陪我走了5千米。女婿悄悄拍了我遛狗的照片，我看后很感动。小小的手机，能够储存多少亲人的互动、彼此的体恤呢！

3月10日是个星期天。我的朋友秦、王两位老师恰好也到了北京。我告诉孩子们，秦老师是我事业上的贵人，给了我很多帮助，我要去见见他。孩子们说："妈妈的贵人，就是我们家的贵人，一定要去拜见。"于是，他们沐浴更衣，把自己收拾得得体漂亮，陪我去见朋友。

他们还热情地参与到《我是老师，也是永远的孩子1》的封面与版式设计里来，与编辑小伊姐姐深入交谈，达成共识。

大家都说我有福气，女儿女婿都对我关怀备至、体贴入微。我感到幸福。我感谢孩子，也感谢自己。多为他人着想，自己就会在幸福现场。

傍晚，我与孩子们告别，坐上返程高铁。

高铁上的邻座，也是一个来北京探亲的妈妈。她的女儿和我的女儿同岁，下个月就要订婚了，届时她的亲家夫妇要从北京到郑州提亲。

她问我："4月亲家夫妇到郑州来，需要两三天，我要不要管吃住？唉，真愁人！"

我说："如果别的亲友远道而来，到你家做客，你会发愁管不管吃住吗？更何况亲家夫妇是来提亲的，这么大的喜事，自然是要热情招待的吧！如果有时间的话，你还可以考虑陪亲家去咱河南的旅游景点转转。最美人间四月天，两家人组织一场意义特殊的春游，多美啊！幸福也需要仪式感。"

我不曾想过，这样的小事情都能让一位母亲发愁。我们来到这个世界上，是为了探寻幸福，而不是锱铢必较、自寻烦恼，甚至给有着亲密关系的人带来烦恼。如此看来，如何与人相处是一个社会问题。一个年近花甲的人尚且如此，孩子们更需要有人指点迷津。

克里希那穆提说："一个人就是整个人类。"这一程，这几天，我感觉到，作为老师，我的课堂需要拓展；我的课程，一定要时时刻刻、明里暗中地渗透着关于爱与幸福的教育。这是一个老师对整个社会的使命感。一个不懂爱、没有幸福触觉的人，不管活到多大年纪，都是可怜可悲、令人同情的。那么，我的课堂，就要让孩子拥有爱与幸福，并把这种感觉传播、扩散。

我星期五离开学校的时候，梓妍的画像还没有完工。我们约定，她画完后由茹丹带给我。今天，当我回到小区，茹丹已经等在楼下了。我很感动，给了她一个热情的拥抱，感谢她的帮助。

与孩子拥抱，对世界感恩，我更愿意把这爱与感激传递给我的学生及更多的人。愿每个人都有确定、确信、确实的爱与幸福感。

23：56，晚安。

3月11日，5：56修改完毕。再道一声，早安。

## 13.
## 心情是一个传说

▶ 2019年3月11日　星期一

周一，空气清新，天空湛蓝。春天就是这样温情脉脉。今天，榕麟为我画了第 71 幅画像，梓妍画的是第 58 幅。

上课时，我脱掉外套，穿着姜黄色低领羊毛衫，孩子们说显身材。

正气哥悄悄问我："老师，你是不是减肥了？"

哈哈，这个真没有。

今天一上课就觉得气氛不对。全班都处在一种亢奋的状态中，到处是叽叽喳喳的说话声。休息了两天，兴奋了两天，新的周一，课堂上总有些躁动。

"嗯？"每当我听到这种嗡嗡作响的声音，就会加重疑问的语气，以此提醒孩子们。

孩子们静下来。

不过只管用了一小会儿，嗡嗡的声音又响起来。

这一次，我不再发声，只静静地看着孩子们。我不喜欢以权威来压制，只想以安静来唤醒。

忽然，我看见男男胳膊腿儿都在动，而且动得很有节奏感，咚咚、咚咚咚，简直像一种坐着表演的舞蹈。

我觉得既好气又好笑，叫他："男男？男男你怎么了？我的男男！"

他停下来，不好意思地笑笑，露出满嘴的钢丝牙套。

男男是个个头略矮、身材微胖的男生，也是班级一体机的管理员。每当下课，他就赶紧到讲台上开或关一体机。偶尔他也贪玩，一下课就冲出教室，和几个个头差不多的小伙伴玩游戏，忘了处理一体机的开关问题。

男男父母上班远，中午不回家，他留在学校吃饭。男男学习成绩一般，但他有一颗爱学习的心。他饭后大多数时间都在与烨子、小丹他们谈论学习。这是个大好的事情。一个愿意与"学霸"为伍的成绩处于中游的学生是有光明前途的。我多次在心里想，男男是个潜力股，一定会成为"学霸"。

有一次中午放学，我看见他和另一个小胖墩儿箭一般冲出校门，旋风一样冲进他们吃饭的餐馆。我站着看他们。我知道，不顾一切奔向餐馆的少年，并不是为了饱腹，而是为了证明自己的体力好过小伙伴。

以上这些，是我无意间发现、记在心间的。

成绩处于中游的学生是个很容易被忽略的群体，所以，当看见男男在课堂上"舞蹈"，我没有批评，而是以亲切的方式来提醒。

我叫他"我的男男"的时候，孩子们都笑了。男男抿着嘴唇，也不好意思地笑了。

奇迹也发生了。

孩子们集体安静下来，不再说闲话。哦，我明白了，虽然我点的是男男的名字，但每个人都不由自主地反思自己、修正自己。老师对待一个人的态度，通常可以影响一群人。正所谓"擒贼先擒王"，学生乱堂，与其漫无目的地批评训斥，不如直指要害。至于如何"直指要害"，那是需要思考与历练、储备智慧和情怀的。雷霆一怒是方法，春风化雨也是方法，至于选择哪一种，则需要拿捏分寸、相机而动。

榕麟笔下的我，很生动：一只手掌撑在讲桌上，另一只小臂倚靠在讲台上，大而明亮的眼睛里有一些疑惑。这个姿势和眼神，说明我对课堂的观察有一会儿了。乱堂，我并不生气，我在等待契机。

快下课了，我看见语文学科总课代表小乔把脸扭向左后侧，两片嘴唇飞快地开合，滔滔不绝地说话。

我一脸黑线，目光灼灼，严肃地说："乔总，你一个老总，怎么还管不住自己呢？"

梓妍太可爱了。她把"老总"写成"总统"了，这两个称呼，差着级别呢！

乔总低下了头，不敢看我。

下课后，我把她叫到身边，做善后交流。

我说："乔总啊，你为咱们班语文学习做出过那么多贡献，尤其是你每周主持召开课代表例会，是我从教 30 多年以来的第一例，我以前的课代表都没有这么做过；你们课代表每个早读办语文板报；你带领团队每一天跟同学们谈心，激发他们学习语文的兴趣与信心，使整个班级在语文学习这一块儿呈现出欣欣向荣的景象，多了不起啊！我对你很欣赏，也很佩服。班主任光叔和同学们也都对你有高度评价。你有那么多创新、那么多建设，现在是要亲自把这些破坏掉吗？"

乔总看着我，摇摇头："不！"

我拉着她的手："那就好，我放心了！"

她点头，看着我笑一笑。语文老师与语文学科总课代表，依然默契。

男男和乔总，同样是违反课堂纪律，但处理方式不同。对男男亲切，对乔总严肃。一把钥匙开一把锁，不是因为我的心情不同，而是因为孩子的需求不同。心情不能左右我的教育方式，它只是一个传说。

## 14.
## 如果我们不曾相遇

▶ 2019年3月12日　星期二

今早出门上班的时候，狂风大作。小区里停放的电动车车铃都被风儿叮叮咚咚地吹成了春天交响曲。我穿大红色轻薄羽绒服到学校。榕麟为我画了第72幅画像，梓妍画的是第59幅。

写下这个题目的时候，我正在听五月天的同名歌曲。原谅我实在想不出更好的题目，只能借五月天的歌名作为自己这篇小文的题目。

这首歌有几句歌词恰到好处地表达了我的心声：

如果我们不曾相遇，

我会是在哪里？

如果我们从不曾相识，

不存在这首歌曲。

…………

那一天、那一刻、那个场景，

你出现在我生命；

每一分、每一秒、每个表情，

故事都充满惊奇。

我想，我与榕麟、梓妍的师生缘就是这样吧。

可以毫不夸张地说，如果我们不曾相遇，就没有"画中话"这套丛书。是她们用画笔打开了我的另一个教育"视界"，把我的人生重新定义。尽管我们在一起的这几年，生活波澜不惊，日子细水长流，可是，当她们如实画出我每一天的生活，我的教育人生就被着了色、添了味儿、增了趣儿。每一天都值得纪念，每一天都令人回味。我因此变得惜时如金，白天在学校上课、备课、改作业，跟孩子与同事交流，夜晚在家为画像配文字。

今天，她们画的是课堂上的同一个场景——抽签读课文。

读课文的时候，有人读得好，如课代表琪琪，读得生动流畅，声情并茂；有人读得不好，如超凡哥，他站起来，一开口就错了。

榕麟画的我，双手交握，抱于胸前，眼眉下垂，略感无奈地说："我超凡哥就这么'死'了。"

超凡哥也是冷汗直冒。孩子读不好，内心里也是不安的，表情上也是不好意思的，所以，我极少声色俱厉地批评，而以幽默风趣的方式处理问题。

不添字，不漏字，不错字，不改字，不复读。这种"五不"读书法要求朗读者必须高度专注，一个不留神就会出错。

抽签抽到榕麟，她从容不迫，不紧不慢，一口气读了28行。她音量不大，却音质纯正，音色优美，婉转动听，令人沉醉。听她朗读真是一种人生享受。她读完的时候，赢得了全班雷鸣般的掌声。她得到的奖赏是：加3分，免作业一次。

可是，我们今晚的作业是预习，没法免，怎么办？榕麟通情达理，下课后她跟我商量："杨老师，能不能调整一下，今天照常预习，明晚免作业？"

"当然可以。"我告诉她，"总之，我欠你一次免作业。"

她是多么珍惜呢！我去找她取画像的时候，见她在记事本上工工整整地写了这样几个字：语文免作业。

她的伙伴梓妍把我俩画了下来。这是我们仨的另一种相处方式。

在梓妍笔下，我充满喜悦地看着榕麟，眼睛又大又亮；榕麟则在专心致志地读书，心无旁骛。我看着她的时候，她正在读书——她是我的风景，书是她的风景，那种场面真是妙不可言。

平日里，我们是配合默契的，也是互相欣赏、互相尊敬的。榕麟写过一篇这样的作文：

### 这样的人让我尊敬

生活中，我们会遇到各种各样的人，有人让我们喜悦，有人让我们生气，有人让我们深思，有人让我们尊敬。

让我尊敬的人，在我身边就有一个，那就是我的语文老师杨老师。

杨老师有着一头紫红色的头发，嘴角有一颗痣，戴着一副细框眼镜，每天都会穿各种各样好看的衣服。她很活泼，也很乐观，我很少看见她不高兴的样子。就算同学们犯了错误，她也不会生气，而是以另外一个角度去想、去说。

杨老师很会激励同学们，比如，有的同学在作业里做错了一个很简单的基础题，她也不会吵那个同学，而是说："没关系，考试之前都允许出错。"

　　杨老师把同学们犯的错都说成好事，有时还会说那个同学很可爱。身边有这样的人可真是一件极大的乐事，真可谓"妈妈再也不用担心我的学习了"。

　　有一次，我的作业没有完成，杨老师叫我过去。我的脑中突然就出现了那黑暗的小学时光。在小学的时候，作业没有完成，会"死"得很难看。我甚是害怕，但去还是得去的，被老师叫，谁都逃不掉。

　　我到了老师身边，已经做好了被吵的准备。但过了好久，我都没听到老师吵我，只听到她温柔地对我说："亲爱的，你这里没有完成，去补一下吧。"我的心中立刻得到安慰，补作业也格外认真。

　　如果说学校是我的另一个家，那么杨老师就是我的另一位母亲。她是那么温柔可敬、和蔼可亲。不仅我喜欢她，我们全班同学都喜欢她。大家都喜欢杨老师的性格，因为杨老师和我们以前见过的老师都不一样。

　　杨老师这样的人很少，而"物以稀为贵"，所以我很喜欢杨老师，她这样的人让我尊敬。

榕麟的朗读，让我惊喜不已；榕麟的作文，让我幸福至极。

榕麟和她的伙伴梓妍，每天画我和我的课堂，让我有机缘写下画像里的故事，让我平凡的生活每一天都有亮点。这是最好的遇见，我感激不尽。

3月12日23：16，草就，晚安。

## 15.
## 两堂语文课，一种大情怀

▶ 2019 年 3 月 13 日　星期三

今天是一个阳光明媚的日子。校园里的玉兰花将开未开，似乎在等待合适的时机，在刹那间绽放。榕麟为我画了第 73 幅画像，梓妍画的是第 60 幅。

清晨出门去学校上早读，还是感觉有些凉意的。我穿了卡其色轻薄羽绒服，内配大红高领毛衣。榕麟好像有些颜色用完了，她就调出一件姜黄色羽绒服给我穿。好像画家的手都能变出魔术来，榕麟随手一涂，我就又多了一件衣服。红色高领毛衣是跟女儿换的。春节的时候，我们不约而同都买了红毛衣，见面后却都喜欢对方的红毛衣，感觉对方比自己更有眼光。于是，我们互相换着穿，这样，我们就各自多了一件红毛衣。

女儿长大后，我常有这样的感觉：她不仅是我的贴心小棉袄，而且是我的交心好闺蜜。有一次，媒体给我做专题报道，现场连线我女儿，让她对我做个评价。

女儿说："我妈妈是世界上最年轻的妈妈。她可以跟我换衣服穿，也可以每天和学生玩闹在一起。所以，她身上没有岁月的痕迹，只有永远年轻的印记。"

女儿的这个评价，给了我莫大的动力。我照着她的说法，天真地活着，全然忘记了生活曾经许多次地欺骗我。跟我接触过的大人孩子，都说我性格好，其实归根到底是因为我虽然经历过大大小小的磨砺与考验，但身边总有亲爱的女儿。她能给我足够的力量，让我去"跨过山和大海，也穿过人山人海"，成为今天这样温和的自己。

幸福的人投身于教学，常常会温故知新，获得崭新的体验与感悟。今天，我讲了《阿长与〈山海经〉》，是这么多年以来上这一课最激动人心的一次。

这些，在两个画者的笔下并没有明确体现。

榕麟画的是我在跟孩子们讲，如果竖着写字，是要从右往左写的。这个问题我以前也讲过，孩子们总是当堂就会、过后即忘的。今天我又强化了一下。榕麟帮我留存了这个瞬间。

梓妍画的是我模拟阿长摇晃哥儿肩膀的情节。原文是这样的：

梦里也记得元旦的，第二天醒得特别早，一醒，就要坐起来。她却立刻伸出臂膊，一把将我按住。我惊异地看她时，只见她惶急地看着我。她又有所要求似的，摇着我的肩。我忽而记得了——

"阿妈，恭喜……"

"恭喜恭喜！大家恭喜！真聪明！恭喜恭喜！"她于是十分欢喜似的，笑将起来，同时将一点儿冰冷的东西，塞在我的嘴里。

梓妍是聪明的,她画我的模拟动作时,把哥儿画成了虚线,真有趣。

课堂上最值得回味的,还在后边呢。

有一个环节,是赏析阿长为哥儿买《山海经》。其他同学都着眼于阿长买书的艰难过程,而愿儿注重对她的情感的分析。

愿儿说:"阿长其实知道哥儿不喜欢自己,甚至对自己有些厌烦。可她不计前嫌,默默地给哥儿买他朝思暮想的《山海经》,这是对孩子真正的爱。"

愿儿一下子点燃了我的激情。

我说:"鲁迅先生两次提到对阿长产生敬意。大家找出这样的句子,体会一下,两次敬意是一个意思吗?"

孩子们通过讨论,发现两次敬意完全不一样。第一次写敬意,是在阿长讲长毛的故事时,鲁迅先生说:"然而我有一时也对她发生过空前的敬意。"又说:"这种敬意,虽然也逐渐淡薄起来,但完全消失,大概是在知道她谋害了我的隐鼠之后。"看来,这种敬意只是"有一时"的,是对阿长一本正经夸大自己能力的一种戏谑调侃,不是真的敬意,所以,它会"逐渐淡薄"乃至"完全消失"。第二次写敬意,则是在阿长买回来《山海经》之后,"这又使我发生新的敬意了,别人不肯做,或不能做的事,她却能够做成功。她确有伟大的神力。谋害隐鼠的怨恨,从此完全消灭了。"这次敬意与神力是"确有"的。两次敬意都与"谋害隐鼠"有关,前者因阿长"谋害隐鼠"而"完全消失",后者则让怨恨"完全消灭"。

孩子们的分析,对我有进一步的触动。

我说:"我想到几个关键词。第一个关键词——感动。鲁迅先生对阿长给他买《山海经》的敬意是永不消失的。文中说:'我的保姆,长妈妈即阿长,辞了这人世,大概也有了三十年了罢。'长妈妈逝世后几十年,他依然念念不忘,可见他的敬意是持久的。而他在收尾时补笔:'我终于不知道她的姓名,她的经历,仅知道有一个过继的儿子,她大约是青年守寡的孤孀。'这更见长妈妈的孤苦卑微。就是这样一个孤苦卑微的人，却有着人性中最温暖的部分——无私的爱。这让我想起作家严歌苓在《芳华》里说：'一个始终不被人善待的人，最能识得善良，也最能珍视善良。'这个单元都是'小人物'的故事，却都由'大人物'写出来。阿长是'小人物'，鲁迅先生是'大人物'，他能一眼看出阿长显而易见的缺点，也能永久记得她难能可贵的品格。而鲁迅先生作为'大人物'，他人格中闪亮的部分，是散发人性光辉的自省精神。他深切同情身为孤孀的保姆阿长，也对自己'终于不知道她的姓名，她的经历'怀有歉意。此情可待成追忆，只是当时已惘然。所以，他的这个补笔，也是补致歉意。卑微的地位、热烈的爱意，这是阿长带给我的感动；崇高的地位、谦恭的姿态，这是鲁迅先生带给我的感动。第二个关键词——托付。文章末尾'仁厚黑暗的地母呵，愿在你怀里永安她的魂灵！'19个字，言简意丰。鲁迅先生是有多爱他的长妈妈啊！他不仅祈福她在另一个世界安息，还托付地母厚待她。毛泽东说：'鲁迅的骨头是最硬的，他没有丝毫的奴颜和媚骨。'可是，在这里，45岁的鲁迅，躬身合掌，称呼埋葬了他的长妈妈的土地为'仁厚黑暗的地母'，以第二人称虔诚祈祷：'愿在你怀里永安她的魂灵！'至此，戛然收笔。孩子们，透过文字我似乎能看到，一向冷峻如山的鲁迅先生，他温软的内心，他眼角的热泪……哎呀，我不能再说下去了，我要哭了……"

教室里静极了。我平复了一下心情，继续说："我的第三个关键词——题目。一篇文章，题目的命制有多种方式，今天我们从鲁迅先生这里学到的是……"

我停顿了一下。

孩子们说："以中心事件命题。"

顺理成章，水到渠成，孩子们又收获了一种命题方式。

我还得再走一步。

我追问："除去中心事件的地位，这篇文章的题目本身有什么特点？为什么不把题目写成《阿长为我买〈山海经〉》？"

孩子们热烈讨论之后，侃侃而谈："阿长是一个大字不识的保姆，《山海经》则是一部经典著作，一俗一雅，亦庄亦谐，形成反差，吸引读者的阅读兴趣，也暗含阿长买《山海经》的艰难。"

我们就这样阅读着、碰撞着、畅聊着，不知不觉两节课过去了。

《阿长与〈山海经〉》我教过无数遍，这一次，别有一番感受。是为什么呢？我想了想，一是因为愿儿，他不从阿长买书辛苦入手，而是在阿长的大爱情怀上分析，这打开了我的心灵，这就是教学相长。二是因为孩子们，他们对"敬意"的理解让我产生敬意。三是因为我的爸爸，上一届我教这篇课文的时候，爸爸还健在，并且谈笑风生、精神矍铄，我以为他可以活到100岁，可是，天有不测风云，人有旦夕祸福，爸爸的生命，终止于87岁——不，他离开的时候，离87岁生日还差27天。这一届我教这一课时，爸爸的骨灰已安葬于地下两年。这两年，我常常祈祷爸和妈在故乡的土地上安息，但我从来不曾想过把他们托付给"仁厚黑暗的地母"。我从鲁迅先生简短的文字中读出了他对长妈妈的无限深情。我没有这样的表达，不是我的深情不够，是我的情怀不够。这就是鲁迅先生，他的文字具有撼动人心、提醒心智的力量。今天，我也学会了对至爱情怀的另一种表达！再有20多天就是清明节，我将带着我的女儿女婿回到故乡，跪拜在我父母的墓前，这样祈祷："仁厚黑暗的地母呵，愿在你怀里永安他们的魂灵！"

3月13日22：36，草就。晚安。

## 16. 我诚惶诚恐，却又心花怒放

▶ 2019 年 3 月 14 日　星期四

天气越来越暖，最高气温已达 20 摄氏度。校园里，白玉兰已经盛开，郁金香正在吐蕊；杨柳依依，枝叶舒展；风儿轻轻，阳光正好。榕麟为我画了第 74 幅画像，梓妍画的是第 61 幅。

今天我穿了橘黄色短外套，内配黑蓝色竖条打底衫。上课前，榕麟和梓妍靠近我，来看我的衣服。榕麟发现我的打底衫的袖口领口都是毛边的，她关切地问道："杨老师，您这样穿扎不扎人？"她总是很细心，能从点点滴滴的细节里给予我爱心与体贴。每一次，我都怦然心动。爱是个很神奇的东西，不会衰老，

也不会重复，每一次都是新的。爱是一种固定的情感，却又变换着不计其数的模样。

"不扎人。"我告诉榕麟，"你摸摸看，很柔软。"

我把手伸给她。她用手去试试袖口，果然不扎人，她似乎放心了。

我告诉她们，昨晚睡觉有点儿受凉，落枕了。今晚估计没法写"画中话"了。

梓妍说："老师，你去我妈妈的医院做个按摩吧！上次我落枕，就是在那儿按摩治愈的。"

梓妍的妈妈是个医生，她所在的医院有很出名的颈肩腰腿疼痛科。如果需要去，我自己挂个号就行了，当然不会去麻烦梓妍妈妈。我最怕的就是麻烦别人。当然，梓妍对我的关爱，我照单全收，一厘一毫都不会落下。

我常常被两位画者感动。读者总说她们画得好，其实画质的美，不在画像本身，而在画像背后画者的爱心。坦白说，对于她们，我最看重的并不是才华，而是美德。美德需要从小养成。而她们作品的最后成果，当是人格。

这一次，她俩画的我，着装不同。榕麟画的是我穿外套的时候，梓妍画的是我穿打底衫的时候。二四八月乱穿衣，这是农历二月，温暖的春天，外套时穿时脱，她俩笔下的我，着装就不一样了。哈哈，虽然着装有别，但人还是同一个人，如假包换。

榕麟画的我，手持语文书，口中说道："我好想什么时候也被称为先生啊。"

她配文字时，用的是从右到左竖行书写的格式。这是昨天我强调过、她在画中画过的，今天就学以致用了。

我也的确说过这句话。我们在学习杨绛的《老王》，大家预习时查过作者简介，有的资料称杨绛为"先生"。关于女性被称为"先生"这个问题，孩子们已经懂得了。前些日子学习萧红的《回忆鲁迅先生》，萧红称许广平为"先生"，他们还很疑惑，吃惊地追问："为什么女性会被称为先生？"

读书颇丰、见识甚广的魏哥和任哥就从容淡定地告诉小伙伴们：德才超群的女性是可以被尊称为"先生"的。

我说:"英国诗人兰德晚年写过一首小诗《生与死》,杨绛先生把它翻译过来——我和谁都不争,和谁争我都不屑;我爱大自然,其次就是艺术;我双手烤着生命之火取暖;火萎了,我也准备走了。"

"好美啊!"孩子们说。

接着,愿儿分享了一则资料:杨绛先生将她与丈夫钱锺书先生的部分稿费捐给清华大学,成立了"好读书奖学金"。

"哇,好感动!"孩子们赞叹不已。

看着孩子们亮晶晶的眼睛,我不由感慨道:"我好想什么时候也被称为先生啊。"

榕麟把这一刻画下来了。

德才超群的"先生",我自然无法企及。这样说,不过是逗孩子们玩玩而已。

接着,我们又进入抽签读课文环节。这一次,抽到的还有超凡哥。我忍不住笑起来:"我凡哥上次一开口就读错了。"

这一刻,被梓妍画下来了。

我不知道自己的哪句话、哪个动作会被两位画者画下来,但我知道每天得配合她们写一段文字,这让我对自己的每一天都充满好奇与期待。遇见这样的学生,实乃三生有幸、千载难逢。我诚惶诚恐,却又心花怒放。

那么,这次超凡哥读得怎么样?当然是大有进步!

对孩子,永远不要吝啬鼓励和支持,他们一定会进步。

## 17.

## 我愿我是一缕春风

▶ 2019年3月16日　星期六

昨天，又是一个春暖花开、天蓝日丽的好日子。

3月15日，每年的这一天我都会想起一个人——我的2018届学生逸周。我知道，有些读者朋友对这个名字并不陌生。对，他就是《我是老师，也是永远的孩子1》的最后一篇里给我安装灯管和鞋柜合页的少年。

有一年，原谅我不记得是哪一年了，但我记得那是一个"3·15"，他一见我就说："老师，节日快乐啊！"

我莫名其妙，一头雾水，问道："今天是什么节日？"

"消费者权益日啊！"逸周说。

过了几天，是春分节气。逸周又说："老师，节日快乐啊！"

我恍然大悟——善于制造快乐、传播温馨的人，随时随地都在过节，而匆匆流逝的每一天、每一分、每一秒，都配得上仪式感。我对逸周这样懂得快乐的人由衷佩服。

逸周已经初中毕业快一年了。他在高中的学习生活越来越得心应手。我想，他的"节日快乐法则"起着重要作用。

昨天，一周的最后一个工作日，我穿白色超轻薄羽绒服，内配浅灰与白色条纹打底衫，同事和学生都说挺清爽。榕麟为我画了第75幅画像，梓妍画的是第62幅。

我们的责任编辑小姐姐说："榕麟的风格好像有了些变化，轻巧了些，春天的味道。梓妍的猫也很有灵气。小朋友画得出彩出神，可爱极了。"

哈哈哈，这位小姐姐远在千里之外，却超级懂得我们。我们仨和她，简直是天造地设的搭档。

昨天，上的是写作点评课。

我选了几篇典型文章与孩子们共享。

其他文章都是作者上台宣读，而怡畅的文章是我读的。她上学期腿骨折了，现在还不能上体育课，我心疼她，没让她站起来，我代她读。

她写的是自己在课外班结交好朋友的故事。她的朋友白白净净，非常秀气，明明是个女儿身，却偏偏有着爷们儿的仗义。比如，怡畅有不会做的题，那位好朋友就先自己学会，然后教怡畅；下雨了，怡畅妈妈不能来接，好朋友就冒雨出去给她买饭；怡畅吃完，好朋友还不要她还钱……无论是精神上的鼓励还是物质上的援助，这女孩儿都令我动容。我点评说："这姐儿们，真哥们儿！"

梓妍画出了这个场景。她把我画得满面春风，双目含笑，眼里还闪着星光。

善良的姑娘没有画的是：紧接着，我"爆"了一个"粗口"。

很惭愧！我以人格担保，我平时不"爆粗口"，听见别人"爆粗口"还会积极制止。但这一次，我自己都说不清是怎么回事，我莫名其妙地说出来两个粗俗的字。第二个字刚刚吐出一小半，我就赶紧往回收，但"说出去的话，泼出去的水"，孩子们已经听出我说的是什么话了。

我这优雅人民教师的人设，瞬间坍塌！

我羞赧地拿着怡畅的作文本挡住自己的脸，给孩子们鞠躬致歉："对不起，对不起，对不起！你们也知道，我平时说话还算得体的……今天是读到怡畅的作文，太激动，忘乎所以了！"

"哈哈哈，今天纯属意外，纯属偶然，纯属故障……"孩子们起哄。

坐在第一排的任哥，嘴角牵起一丝不易觉察的微笑，冷冷地看着我说："全体'七一'人，谁信老杨的'鬼话'！别解释了，解释等于掩饰，掩饰等于就是。"

我跳进黄河也洗不清了。

罢了，罢了，好在以后还有大把大把的时间，我一定要洗心革面，重新做人。我会更加爱岗敬业，虔诚奉献。朋友们，孩子们，你们看我的行动吧！

榕麟画的是我在说："有个人写了冤家。"

这个人，还有他的冤家，是谁呢？我这里按下不表，相信细心的读者朋友能通过前文猜出是谁。

最初称他们为冤家的，不是我，是班主任光叔。前天，他俩又犯冲，把对方的文具袋给扔了。光叔看见了，帮他们捡起来，笑道："你们俩呀，就是一对冤家。"

大家听着觉得好玩，都笑起来。我点评作文时，也就顺势叫他们"冤家"了。大家又笑了一阵儿。他俩也都跟着笑。不打不相识，不闹不开心，也许他们以后会是真朋友、好兄弟。

还有一件事我想写一写。

昨天点评的这篇作文，是上个双休日孩子们在家里写的。我改作文的时候，发现S与Z"撞车"了——事有凑巧，他俩抄袭到同一篇文章上了。

怎么处理？

我最初的想法是：按兵不动，在作文点评课上让他俩上台念自己的作文，让真相大白于天下，杀一儆百，从此断了所有人的抄袭念头。

转念一想，不行！这样处理虽然果决，但也把当事人推到曝光台，失去了教育本身所具备的人文性。所有斩钉截铁的"杀伐决断"，都不适用于教育。教育是一种不动声色、充满温情的唤醒、启迪、帮助、托举。

我决定使用另一种方法。

下课，我把S找来。他比Z的学习成绩好很多，交流起来应该更容易。

不，我错了。

我说："S哥，你的作文写得不错啊！"

我没有说假话。改到他的作文时，我并没发现文章是抄袭的，我是这么写批语的："原是极好的一篇文章，可S哥却给出一个仓促草率的结尾，煞风景了。"

后来，又改到Z的，发现他俩的文章惊人地相似。除了结尾，其他都一样。也就是说，Z比S抄得更"卖力"，他连结尾都抄上了。

与S私聊后我才知道，我对他预估不足。

我肯定他的文章写得不错的时候，他笑了一下，根本没有认错的意思。

这不对头啊！

我说："作文课你上台念念吧！"

"啊？"S脸上显出一点儿不安的神色，"我写得不好……"

我追问："是你自己写的不？"

"是！"他的回答铿锵有力、掷地有声。

我说："那好，你去把Z找来。"

他很快找来了Z。

我问Z："你的作文是自己写的吗？"

"抄的。"识时务者为俊杰，Z知道自己逃不过，就道出了实情。

我看看S，他低眉顺眼不敢看我。

我温和地追问Z："哪儿抄的？"

Z说："一本作文书。"

我拍拍他的肩膀，说："那么，好，我原谅你。因为你能够直面错误。按照班规，抄袭需要扣5张牌。你交5张牌，再重写一篇作文就可以了。你可以去玩儿了。"

S被我留下来。

他支支吾吾地解释："老师，我以为你只是单纯问这篇文章是不是我自己写的……真的是我自己写下来的，不是别人代写的。"

他还在为自己找借口。

我愿意相信，用一个谎言去掩盖另一个谎言，不是孩子的本意。他的本意是怕批评惩罚，怕出丑丢人。我常常想，孩子的逃避与狡辩，其根源是恐惧、是害怕，不是本质上有什么问题。

我拉着他坐下来。他眼眉低垂，肩膀下溜，一副逆来顺受的样子。

我说："S哥，以我对你的了解，你有能力写好一篇作文。我不信一个差不多会背《西游记》的帅哥写不出一篇600字的微型豆腐块儿。"

我没有戳他的痛处，而是拿他的长处——几乎会背《西游记》——来鼓励他。

他抬起眼睛看着我，说："老师，我补一篇作文交给您！"

第二天早上，我走进教室，一眼就看见了他重新交来的作文。我打开来看，引经据典，又贴近生活，很接地气。

我又找到他，当面批改，给予肯定，也提出修改意见。

他的眼睛闪着光，嘴角含着笑。我真的看见了一个天使。

从那一天起，他的每一堂语文课都上得激情满怀、信心满满。

我一向不厌烦孩子犯错。每一个事故都可能是故事，每一个错误都可能是新起点。

　　为了给 S 积攒更多成长的力量，我迟迟没有评讲这次作文。直到昨天，我感觉时机成熟了，才上了这堂课。

　　课堂上，我不点名地讲到了这次"撞车抄袭门"。孩子们也很宽容，他们没追问抄袭者是谁，但讲明了抄袭的危害与后果。

　　只谈现象，不指明当事人，我留一份厚道，两位当事人也不至于尴尬，孩子们也能明辨是非。我想，这是"抄袭门"最好的结局了。

　　晚上回到家，摸摸暖气片，已在渐渐退热。3月15日，供暖结束。

　　我打开窗，站在窗前，春风轻轻吹过来，又柔又暖，从我的脸上，从我的掌心，慢慢扩散到我的心田。很庆幸，我做了老师。我愿自己是一缕春风，春风化雨，慢慢润泽孩子的心灵。

　　此时，3月16日18：16，橘红色的落日余晖洒满我的窗棂，我的窗台被镀上一层薄薄的却又温暖的光，美得我热泪盈眶。轻轻道一声，亲爱的世界，傍晚安！

## 18.
## 没有比爱更高的去向

▶ 2019 年 3 月 18 日　星期一

又是一个美妙晴好的周一，榕麟为我画了第 76 幅画像，梓妍画的是第 63 幅。我穿着中国红长风衣，内配蓝色中长连衣裙，脖子上系一条姜黄底、藏蓝心形图案的丝巾。大家都说，色彩明丽，很喜庆。这是我第一次把红黄蓝三色混搭，感觉还算别致。

今天的画像有个小插曲。

早晨，我一进教室，孩子们就告诉我："老师，您今天要少一幅画像了，梓妍没来。课代表收作业见她不在，就跟光叔说了，光叔说她请假了。"

给我画像，已经成为全员参与的活动。画者未到，小伙伴们很担心。

我找班主任光叔询问，得知梓妍肠胃不舒服，晚到一会儿，不是全天请假。

果然，她很快就来了。她来了就一定会给我画像，这是她的风格。

孩子毕竟是孩子，也偶有耽搁的时候。10多天以前的某一次，我一直等到太阳落山，榕麟还没有把画像给我，我只好去找她。

她说："今天负能量太多了，忘了。"

榕麟是个有独特个性的孩子，那天她不知为什么有点儿不开心——她的不开心，不需要别人过问或开导，她心里跟明镜儿似的，自己有掌控情绪的能力。她一见我来要画像，就赶紧拿出画笔和颜料，画好了给我。

榕麟妈妈曾经跟我说："您放心，杨老师，榕麟说过的话她会坚持。她会画3年的。"

我们仨是一个共同体。写写画画，时光里最本质的部分就被我们留下来了。整整3年，我和这一届学生的日日年年，都会有据可查、图文并存，想想都是幸福的。

今天继续学习杨绛的《老王》。上星期四就开这一课了，但星期五作文评讲，《老王》没有学完，今天继续学。

经过反复阅读，大家一致认同：本文的核心就是人性美。

我板书：以善良体察善良，用爱心换取爱心。

坐在第一排的天明说："他们的善良不一样。老王拿出来的是爱，杨绛拿出来的是钱。老王送冰是爱，送钱先生看病是爱，去世前一天送鸡蛋香油还是爱；杨绛付送冰费是钱，请老王送钱先生看病给的是钱，对老王答谢她的大鸡蛋好香油，她给的还是钱。双方都有爱心，但表达方式不一样。他们的交往很温暖，但是，他们不平等。"

金句啊！孩子们好惊喜！

我也双目炯炯，为他鼓掌，赞不绝口："徐老师好棒棒哦！"

弟子不必不如师。天明姓徐，我尊称他为"徐老师"，他开心地笑了。

梓妍画出来了这一环节。下课，别人告诉天明："你被梓妍画下来了。"

天明凑过去一看，的确是画了他。梓妍平时画同学都不涂色，天明可不想当"小白"，他提出给自己涂个色彩。于是，天明就有了一个粉蓝粉蓝的头像。这是梓妍笔下的第一个涂了色彩的小伙伴。

她把画像递给我的时候，说："老师，这是天明自己要的颜色。"

榕麟拿过画像，说："我看看。"

唰唰唰，榕麟给天明的头像上添了几颗爱心，这下更逗了。会画画就是这么任性。多一项技能，心灵就会多一份自由，好羡慕！

我们再回到课堂上来。

天明的话音刚落，愿儿就举手想要发言。但在他之前，有个孩子，好像是超凡哥，或者是别的人，总之是他那一片儿的一个孩子，抢着说："杨绛多少有点儿像物质施舍，精神交流不够。"

愿儿说："无论是老王还是杨绛，都是善良的。只是表达方式不同。老王对杨绛，更多的是感激；杨绛对老王，更多的是同情。她尊重老王的劳动，每次都给了老王经济上的帮助，但这不是老王所需要的。老王需要的是人格上的平等、心灵的相通，可他到去世都没有得到这样的友谊。当然，杨绛也是真正善良的人，她很有自省精神，老王去世后好几年，她还念念不忘、感到愧怍。"

哗哗哗——我和孩子们一起为愿儿鼓掌。愿儿姓茹，我也尊称他为"茹老师"，我说："茹老师讲得太棒了！"

是的，我为孩子鼓掌，我以学生为师。不要以为他们只是13岁的小孩子，关于善良，关于爱，关于心灵相通，关于平等，他们知道的并不比我们少。

最后，我说："孩子们，读文学作品一定要了解写作背景。杨绛和老王交往的年代距离现在50多年了，那个年代，物质和精神双重匮乏，老王靠着活命的只是一辆破旧的三轮车。杨绛经常给他经济帮助也是一种善良，也是一种人道主义关怀。她在文末写道：'但不知为什么，每想起老王，总觉得心上不安。因为吃了他的香油和鸡蛋？因为他来表示感谢，我却拿钱去侮辱他？都不是。几年过去了，我渐渐明白：那是一个幸运的人对一个不幸者的愧怍。'——这正体现了一个知识分子的自省精神。以小见大，这也是对整个社会的呼吁：给予不幸者人道主义的关怀。"

杨绛与老王，一个"大人物"，一个"小人物"。他们之间，6个字可以概括：真情，小事，大爱。我知道，孩子们跟我一样，被这篇文章深深打动，被杨绛和老王深深打动。

下课，我站在教室后面跟孩子们聊天。忽然，烁儿被椅子绊了一下，一条腿跪在了地上，扑倒在我身边。我伸手去拉他。

冷不防，他面带微笑，双手举到胸口一抱拳，跟我打了个拱。

旁边的男男说："烁儿快起来，男儿膝下有黄金。"

"他这不算下跪，是跟老师表达谢意呢！"不知是谁说了一句。

我的心里，似有春风吹过。蓦地，想起水木年华的《永不放弃》里有一句歌词：没有比爱更高的去向。

我想，没有比它更适合今天要表达的感觉了。谢谢。

23：58，晚安。

第三辑

真情如你，

沁我心脾

## 19. 刘大哥讲话有道理

▶ 2019年3月19日　星期二

和昨天一样，今天又是忙碌而喜悦的一天。

我穿着蓝格子超短外套，袖子上有荷叶边儿装饰，内配土黄色连帽卫衣。同事们都说我变瘦了，其实是我衣服穿少了。真好啊，春天使人清爽，使人轻盈。榕麟为我画了第77幅画像，梓妍画的是第64幅。

课堂的第一个环节是点评早读默写。有一小部分同学写得不好，以班长刘大哥为最。我叫他"刘大哥"，出自豫剧《花木兰》的经典唱词"刘大哥讲话理太偏，谁说女子不如男"。

刘大哥是个数学"学霸"，可是，他真的不爱语文啊！我从上学期到现在三番五次给他纠正的错字，他还是错，错，错！学过的知识提问他，也是错，错，错！今早的默写，又是错，错，错！他错得最可爱的地方，是把"烧饭"写成"吃饭"。

我捶胸顿足又扼腕叹息，说："你拿烧火棍吃饭吗，刘大哥？你能不能把学习的时间分一点点给语文呢？"

这一幕被梓妍画下来了。梓妍把我画得一脸黑线啊！可是，她依然把我左嘴角的痣点上了。榕麟则把这颗痣忘掉两天了。

榕麟画的也是我说刘大哥的事儿。她画得更生动。她笔下的我正痛不欲生地捶着刘大哥的作业本，张着血盆大口无可奈何地说："哎哟，我的刘大哥啊！"

哈哈哈，我的样子实在是滑稽可笑。

每一次我在批评学生的时候，大家，包括当事人，都会笑起来。我问自己，我是自带笑点吗？当然不是。学生犯了错，我既想批评，又不想让人难堪，就从言行举止上营造点儿幽默气息。久而久之，我就变成了一个幽默风趣的老师，而不是居高临下的说教者。当然，这种幽默感，是我花了很多年，不断读书、思考、写作，并日比一日更深沉地爱孩子，才练出来的。学生多，性格迥异，既想让他们好，又不想发脾气，这就需要我这个老师一路成长，一路修行。

刘大哥事件过去了，我们继续学习杨绛的《老王》。这一课本来计划讲两课时，但鉴于孩子们昨天意犹未尽，今天我没有开新课。我想，与其浮光掠影地学习一篇又一篇课文，不如把一篇经典读深读透。

先从昨晚的作业说起。

昨晚我布置的作业是：以第二人称给杨绛或老王写一段话。

今天批改时我发现，以伊凡、茹丹、语乐的作业为最棒。新语的文笔不够好，但思想有深度，一并表扬。伊凡和语乐盛赞老王忠厚仁义；茹丹则佩服杨绛这个大作家为"小人物"写作的谦恭平易；新语的观点是，老王虽然孤苦苍老有残疾，但他为人忠厚，深得杨绛一家照顾，所以他并不是不幸者，而是幸运的人。

我们就顺着这个话题进入了新的学习阶段。

我们今天的目标是：学以致用。

那么就从"我所得"说开去。

天明第一个发言。

他说："杨绛的语言平淡朴素，但蕴含深意。"

我板书：言辞朴素，语淡意浓。

孩子们从老王的言行举止分析，越品越有味道。比如，老王最后一次出场是给杨绛送鸡蛋和香油，他的话"我不吃""我不是要钱"简单平淡，却蕴含深意——正是因为老王不善表达，杨绛对他产生了误解，所以她没有接受老王的谢意，而是付了钱给他。这就引发了她几年后产生的愧怍。再比如，老王最后一次出场时的外貌，杨绛只用"镶嵌""直僵僵"寥寥几笔，就刻画出老王行将就木的形象。他像一幅遗像，又像一个僵尸。病已至此，他却还扶病前来致谢，这个丑陋悲苦的形象，恰好反衬出他金子般美好的心灵。

这就是大师的笔力。

分析完语言特色，孩子们又从结构上分析出了此文的材料安排详略得当。

我板书：详略得当。

忽然，从来没有在语文课堂上回答过问题的刘大哥开了金口："全文最后一句'那是一个幸运的人对一个不幸者的愧怍……'是以小见大的写法。"

我是多么惊喜呀！但问题尚未结束，我不能得意忘形。

我故作平静地追问："如何以小见大？"

刘大哥说："杨绛把她自己称为幸运的人，把老王称为不幸者。她把自己和老王分类了，其实他们只是两个人。"

我忍不住笑出声来。数学"学霸"刘大哥啊，用数学思维分析大作家的写作意图，实在是智慧而有趣呢！

我说:"这一次,不是戏文里唱的'刘大哥讲话理太偏',而是'刘大哥讲话有道理'呀!他说的,其实就是一个写法……"

我转身板书:以小见大。

我继续说:"刘大哥说得对!杨绛把两个人的交往归类为两种人的交融,这其实是深化主题,是在呼吁:全社会幸运的人都来关怀不幸者!这就是人道主义精神。大师写作,从不简单地就事论事,而是直指人性!"

"懂了,懂了!"孩子们好开心啊。

"厉害呀,刘大哥!"我走到他身边,"来握个手吧!"

我握着刘大哥的手,夸张地摇晃着。

我说:"我一批评刘大哥,他就格外认真了。这叫'响鼓还需重锤敲'。"

大家都笑啊笑。

多希望,我这摇手握手,摇掉了他对语文学科的漠视,握住了他对知识的热爱。

3月19日23:59,草就,晚安。

## 20.
## 向着幸福出发

▶ 2019 年 3 月 20 日　星期三

今天是一个热火朝天的春日。我穿了红底黄花的唐装。榕麟为我画了第 78 幅画像，梓妍画的是第 65 幅。

课堂上的第一个环节——点评早读默写。

其间，我忍不住掩口失笑："今天的默写呢，明明同学最有胆儿，这娃上初中了，还带拼音，哈哈，好可爱啊！"

哈哈哈……小伙伴们一阵哄堂大笑。

当事人明明很淡定。他只是抿紧了嘴唇，似笑非笑。他是一个对各种情绪都特别节制且言语少到极点的孩子。我教他一个多学期了，没见过一次他开怀大笑，也没有听过一次他与别人畅谈。

他很有个性，所有学科只喜欢历史，为了学习历史可以奋不顾身。考试的时候，他其他学科都考得不好，历史却考得非常好。

孩子们跟我说："老师，明明历史学得特别特别好。"

我看着他笑道："好啊，好啊，文史哲不分家，历史学得好，语文也不会差咯！"

他面无表情，好像我们谈论的并不是他本人，而是一个他根本不感兴趣的人。

就这么一个看似木讷的孩子，下课来找我了。他戴了一个白色的面具，画着血盆大口，嘴角还画着流着的血滴。他走到我面前站定，一句话都不说。

最近教美术的刘老师在教他们做面具。我看见孩子们经常在下课时戴着面具互相逗着玩儿。

毫无疑问，明明这是戴着面具来逗我玩儿了。我看着他，哈哈大笑。

他仍是一句话都不说，转过身走出门去。就在他转身的刹那，我看见他藏在面具后面的笑脸了！这个冷面的孩子，在遇到温暖、给予温暖的时候，是会笑的。在他不会写某个简单的汉字而以拼音代替的时候，我给他指出来，但没有打击他，而是说他"好可爱啊"，他一定感受到我传递的爱与温暖了，所以下课就来亲近我。他戴着面具，来让我开心。

梓妍把课堂上的这一幕画了下来，甚是温馨。

榕麟和梓妍给我的每一幅画像，我都格外珍惜。每次都要洗手擦干才敢接收她们送来的画像，然后小心翼翼地夹在钱包里带回家，仔仔细细地珍藏起来。

榕麟画的是另一个课堂故事。

我们今天在学李森祥的小说《台阶》。

父亲耗费大半辈子的时间和精力建造出高台阶和新屋，自己却老了。体现父亲衰老的句子，文中有这么一段：

我就陪父亲在门槛上休息一会儿，他那颗很倔的头颅埋在膝盖里半晌都没动，那极短的发，似刚收割过的庄稼茬，高低不齐，灰白而失去了生机。

天明说："父亲头发变得稀少……"

我说："是头发灰白，不是头发稀少。"

坐在第一排的任哥是个机灵鬼，他扭过头看向教室的最后排。

那里坐着班主任光叔。光叔是一个头发稀少、聪明绝顶的中年男老师。他正趴在桌子上用电脑。为了更好地了解学生，他没课的时候经常坐在教室后面。

任哥一朝后看不打紧，其他小伙伴也都跟着扭头去看光叔。

我怕光叔尴尬，赶紧想办法吸引孩子们的注意力，说："跟你们说个好玩儿的事儿，我的发际线其实是有白发的。我平时经常去咱学校东门外的美发店洗头。有一次，好心的美发师帮我把白发剪掉了，这样就让我显得年轻了一点儿吧？可是，我回家一照镜子，发现她把我发际线那块儿剪秃了，我慌了，赶紧把旁边的黑发梳过来，就成这样了……"

我拨弄着自己的头发。

哈哈哈……孩子们大笑。

光叔是我的老搭档，上一届我们就教同一个班。去年孩子们毕业了，教师节来看我们，给我买的是鲜花，给他买的是梳子和啫喱水，孩子们祝他早生美发。

他私下里跟我嘀咕："这群孩子，膈应人！"

他又幸福又不好意思的奇怪表情，我一直记得。所以，今天我也够拼的，为了解救他，不惜"自黑"，够朋友吧？

我把孩子们的注意力吸引了过来，继续上课。忽然，我无意间看见光叔头顶的"地中海"泛着光，又联想到孩子们在任哥的带领下集体看光叔头顶的"壮观景象"，忍不住"哈哈哈"笑起来。

孩子们莫名其妙："老师，您笑啥啊？笑啥啊？"

我好不容易止住笑："天机不可泄露。"

榕麟画的就是我拿着书挡住脸大笑的情景。对不起了，光叔，我只是觉得好玩儿才笑的，原谅我笑点低。

哈哈哈，写到这里，我又忍不住笑了。止住笑，再写点儿别的事儿。

第三节下课是个大课间。常兴君来找我读课文，榕麟和琪琪也参与其中，他们仨读课文给我听。常兴君真了不起呀，他这个学期学习可主动了。春天里，少年细长的眼睛闪烁着求知的光芒，照亮我作为老师的幸福。琪琪和榕麟，也都用声音唤醒我的幸福。

梓妍看榕麟和我在一起，以为我们在说画像，也走了过来。

她一看是读课文，就说："我也想读。"

我当然乐意了。

最终，梓妍获得了今日"最佳朗读者"荣誉称号，免去了今晚的语文作业。

我们聊了一会儿，榕麟起身离开了。

梓妍自言自语道："言沫（榕麟的笔名）不要我了，我画画去。"

我怦然心动。我又想到了翊哥。上个学期，他还是一个纠结于琐事与负面情绪的孩子，经常在课下眼泪汪汪地跟我诉苦。这个学期他变了，他爱上了写小说。每个大课间，他都静静地坐在座位上创作他的小说。他随身带着一本字典，不会写的字就查一查。翊哥整个人都焕发出青春的活力。

课堂上，我把梓妍和翊哥的故事讲给孩子们听。

我说："孩子们，建议你们培养自己积极健康的业余爱好。不用想着成名成家，只要有一个爱好，在某人某事突然不要你的时候，或者你的负面情绪没有出口的时候，又或者你心向光明、想过一种有质量的人生的时候，你都能在这个爱好里找到寄托——在受伤时给予你修补，在迷途时给予你方向，在奋斗时给予你力量。这个爱好，就藏在你们的手上。"

孩子们都抬起手，看了看。

是的，一个人的幸福，其实就在自己的手上。手掌、手背、指尖、纹理，处处储存着人生的能量。

据说，今天是国际幸福日，愿我们以此为起点，向着幸福出发。

3月20日23：51，草就，晚安。

## 21.

### 昨日春分至，
### 一年最美时

▶ 2019 年 3 月 22 日　星期五

春林渐盛，春水初生，转眼，就到了昨天——春分，这个一年中最好的日子。

这样一个好日子，却降了温，灰蒙蒙地过了一天。但这不影响我愉快的心情。我仔仔细细地洗了头发，穿着红色的高领毛衣，精神抖擞地走进这特别的一天。榕麟为我画了第 79 幅画像，梓妍画的是第 66 幅。

因为小伙伴美好出差，我们调了课。我一口气上了两节课，感觉很过瘾。

首先，我批评了语文课代表。他们最近工作不力，律己不严，对人也松。

批评完，我严肃地说："课代表下课来找我，开个会。"

杀鸡儆猴，课代表被批评，其他人也受到警醒，课就好上了。

我们正在专心致志地学习，忽然，我看见磊磊和他前面隔了一排的埔鸣在"斗眉"。上挑、下坠、褶皱，磊磊的那个眉毛哟，甚是灵活。

我一边模仿一边说："呃，磊磊那眉毛动得啊，可艺术了！"

"哈哈哈……"小伙伴们笑了起来。

磊磊和埔鸣也都笑了。

梓妍画下了这一幕。她还画出了我以手指眉的姿态。很有趣。

榕麟画的也是这个情节，可见这件事给大家留下了深刻印象。不过，榕麟记错人了，她把磊磊记成龙辉了。

龙辉是另一个故事的主人公。

我们学习欧阳修的《卖油翁》。大家说康肃公既有自矜暴躁、恃才傲物的一面，也有善于自我解嘲、非常爽朗的一面。

我说："欧阳修就是欧阳修，133个字就写出一个引人入胜的故事，把人物性格刻画得入木三分、丰富多元，仅一个'笑'字就刻画出康肃公可爱的一面……"

"可爱？"龙辉追问。安静的教室里，他的声音格外响亮。小男生还没有变声哩！

我是多么高兴啊！以前的龙辉，是一个成天笑眯眯的孩子，他不爱语文，也没有质疑过什么。这一次，他的追问成了教室里的"中国好声音"。

我说："我以为，一个恃才傲物的人懂得自我解嘲，就是可爱啊！当然，你也可以认为他不可爱，这叫仁者见仁，智者见智。"

龙辉的脸上泛着喜悦的光。思考与追问，能把所有人变成一束光。

下课，课代表们来找我。

我说："给爸爸妈妈打个电话吧，中午我带你们吃个饭，饭后开会。"

放学，几个课代表，除了诗鸿因预约了去理发店剪头发而未能到会，其他几个都留了下来。下午，我和小伙伴分别给诗鸿补了课。

我带课代表去教工餐厅吃饭。他们吓住了："啊呀，都是老师啊！"

他们端着餐盘，不知道吃啥好。我教给他们。乔总是个例外，她特别会打饭。我一问才知道，她妈妈是另一所学校的老师，她就是在餐厅里吃饭长大的，有打饭经验。

落座后，他们的小眼珠滴溜溜地转，把每一位在场的老师都扫视了一遍。

诗乔最好玩。她把餐盘放下，沿着人行道走了一圈儿。见到自己的任课老师，她就鞠一躬，问声"老师好"，然后她才坐下来吃饭。

乔总悄悄问我："我后边儿的那个老师是不是主任？刚刚走过去的美女老师是不是带健美操的？光叔为什么没来？"

琪琪也跟我说："那个某某老师我见过。"

好嘛，孩子们这是来认人并且了解老师的"内幕"来了。

我告诉他们："光叔现在非常忙，可能要来得晚一些。他吃饭，那是风卷残云，一般人比不上。咱今天来晚了，早一点儿的话，你们还可以看见校长和书记呢！学校餐厅是11：30开饭，很多领导和老师都会早早来吃饭，吃完去忙事情。"

"哦哦哦。"孩子们笑意盈盈，频频点头。好像他们作为课代表，能够"近水楼台先得月"，知道了别人永远都不可能知道的秘密似的。

诗乔问："老师，咱这儿一份饭多少钱？"

乔总说了一个数字。哈哈，她知道行情。

烁儿呢，他可是个"大肚罗汉"，超级能吃。他自己的饭量抵得上3个女生的饭量总和。可是，他非但不胖，身材还很有型。据说，他曾经跟同学秀过几块腹肌。

诗乔拍拍烁儿的肩膀，意味深长地说："老弟，咱这吃的是自助餐，你来吃，划得来！"

正吃着，光叔一路小跑进来了。

琪琪赶紧把她旁边的空座擦干净，等着光叔来坐。

乔总说："我去给光叔端饭吧！"

她的话音未落，光叔已经像光束一样坐下来了。

没有批评，没有责备，只是一起吃顿饭，所有问题都"OK"。共餐，是一种文化，也是一种不动声色的教育与沟通。

吃过饭，课代表们主动规划了下一步工作的方案，并提出一些疑问。我们一起商量出了一些方法。先慢慢落实吧，落实过程中有什么新想法、新困难，再一一处理。

孩子们是光明磊落的。琪琪指出乔总预习做得不好，乔总没有丝毫不悦，还说："错了就是错了，人家指出来，我改了就好。"

吃饭的时候，乔总和琪琪牵手搭肩，毫无嫌隙。

下午，梓妍去高中部练歌房了，诗乔陪榕麟到办公室给我送画像。

我感谢两位画者手下留情，每次都把我画得很好看。

诗乔说："老师，你在成长啊！上学期榕麟把你画成美少女，这学期变了，不再是小孩子，是大人了，很年轻的大人。"

我打开手机相册，我们仨慢慢翻看，果然如诗乔所说，5个月，在榕麟笔下，我从美少女变成年轻的女神了！

我问榕麟："等到咱们毕业，我是不是就成了白发苍苍的老奶奶？"

"不，你不会变老！"榕麟斩钉截铁地说。

今天是星期五，我出差。昨晚收拾行囊，"画中话"没有写。今天在从郑州到兰州的航班上写成此篇。我出差了，画者看不见我，今天就不再给我画像了。至此，这一周的"画中话"结束了。

10：58，写完。11：35，落地，午安。

## 22.
### 春风甚美，你最珍贵

▶ 2019年4月1日　星期一

这是梓妍为我画的第67幅画像，她是挤时间画出来的。榕麟没有画，我也没有强求。

3月25日至29日，是3月的最后一周。这一周，孩子们离开校园，到郊外拓展训练。放下课本与作业、考试与分数，投身于户外挑战、手工技艺、农业实践、安全教育、禁毒教育、军事训练，晨钟暮鼓，夜以继日，吃饭、训练、睡觉，所有作息时间都听命于教官，这是另外一种生活。两位画者根本没有空闲来画画像。

29日结束拓展训练，回到家里，梓妍欣然命笔，画像一幅。这整整一周，就只有一幅画像，自然格外珍贵。

梓妍画的，是孩子们用金属丝做自行车、我拍照的场景。

那一天上午是开营仪式与军事训练，这里按下不表。我只写下午教官教手工技艺的故事。

孩子们分为若干小组，分头行动。

有人学习用金属丝做自行车。小组做完，把作品陈列在一起。一眼看去，有大有小，有美有丑，交错相映，颇有喜剧感。哈哈，自行车的家族，也有全家福和母子乐；自行车的世界，也有兄弟情与姐妹谊；自行车的王国，也有天马行空、独来独往、孤胆英雄。

梓妍和榕麟正好被分在一组，我走到她俩身边时，她们的自行车都已经做完，正在把作品放在一起把玩。我一看，两辆袖珍自行车，差不多一般大，很像双胞胎，就拿出手机，拍下来发给我女儿看。女儿说，这是一大一小，应为龙凤胎。我忍俊不禁，还是女儿有眼力、表达准。于是，我改口说它们是龙凤胎。

梓妍给我画了一双充满惊喜的大眼睛，那浅褐色的眼珠儿散发着明亮的光芒。孩子总以和春天一样温暖的笔触来画我，太感动了！

梓妍画得很细致。我的手机壳是新浪20周年纪念版，梓妍画我手机的时候，在其背面仔细描摹出了新浪的徽标——一只有趣的大眼睛。我是黑色的"猫老师"；我旁边还有白色的"猫学生"，正拿着红色的工艺小剪刀；黄色的桌子上放了两个成型的作品，还有散落的铁丝。色彩搭配非常协调，极其明艳，时时处处皆有喜气，也赋予了这些手工小制作灵气。注重环境烘托，是梓妍作画的一个特色。

接着，我又到了布贴画教室。漂亮的教官小姐姐用电脑播放动听的伴奏音乐，孩子们安静地沉浸在创作之中，画画、写写、涂涂、描描、剪剪、贴贴，唐老鸭、米老鼠、小老虎、蓝莲花……一幅又一幅布贴画栩栩如生地出现在我的眼前。

后来，我到了沙画教室。玻璃板下亮着温柔的灯，孩子们把手心的沙一点点地漏下去，创造出自己想要的图案或姓氏、人名。创作者一丝不苟，小心翼翼。那个样子，那个姿态，仿佛他们不是初学者，而是资深艺术家。

还有人在学习编织艺术，编的都是绿色的荆条篮子。对自己的作品总是格外珍惜，晚上集训的时候，我看见有的孩子把茶杯装在自己编的篮子里。我想，他们的心里一定是甜蜜而惬意的，因为他们看见我走过来的时候，兴奋地把篮子举到我眼前，笑嘻嘻地说："老师，看，我编的！"

我接过来，反复欣赏，快乐着他们的快乐。不论孩子是得意还是失落，我都愿意做他们最亲近的陪伴者。我愿意和他们共同面对具体的事件，与他们共情。很多时候，我帮不了他们，但我依然愿意认真而仔细地欣赏孩子的作品，聆听孩子的心声。有人说，老师要做学生生命中的贵人，其实学生又何尝不是我们的贵人！是他们，让我们的职业变得有价值、有意思、有意义。

我走着、看着、拍着，感慨不已。每一件作品都不再是机械冰冷的金属丝、画纸、布块、沙子、玻璃，而是有了温度、有了生命的艺术作品；每一件作品，都被赋予了灵魂。

孩子们在教官和其他老师的带领下，井然有序地进行着各种尝试与训练。同事们从现场传来了一些活动微视频，我在场外密切关注着。

"大家好，我是任哥。非常荣幸担任本次活动的组长。我会尽最大努力带领大家走向胜利。但是，比起胜利，我更担心你们的纪律，还有你们的安全。"这是就职宣言。

"先放油，再放盐，葱要炸香，土豆要切丝……"这是在森林厨房制作农家味道。

"我和我的祖国，一刻也不能分割。无论我走到哪里，都流出一首赞歌。我歌唱每一座高山，我歌唱每一条河；袅袅炊烟，小小村落，路上一道辙……"这是歌咏比赛中的青春好声音。

哦，校园之外，有一方天地，虽然偏远，但能供孩子们撒欢儿，让孩子们体验生活、改善自我，帮助孩子们建立价值观念，这自然是美事一桩。基地有池塘、小径、油菜花、蝴蝶花，处处是春天的气息；而少年，则是这其中最美的部分。

3月的事，在4月的第一天夜里写出来。感谢梓妍，因了她的画，已经过去的一周不再是空白。当然，所写这篇不是日志，只能权作周记了。

4月1日，西方的愚人节，我这样善良并且愚钝的人，不忍心也不懂得愚弄别人，那就在21:08，一本正经地道一声，晚安。

## 23. 给个台阶，就是搭座桥

▶ 2019年4月1日　星期一

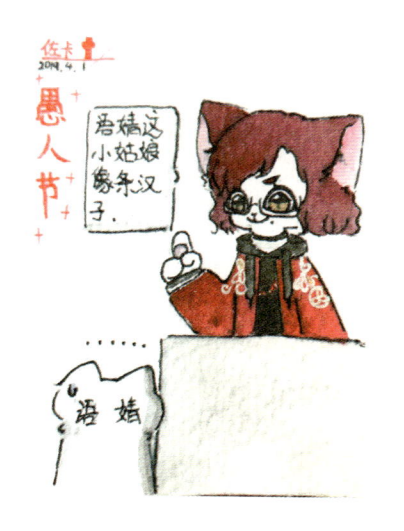

今天是个好日子，让人一起床就不由自主地笑起来。早晚温差大，为方便随时增减衣物，我身着红色外套，内配黑色连帽卫衣，走进新的一周、新的一月。榕麟为我画了第80幅画像，梓妍画的是第68幅。

上一周，孩子们在基地进行拓展训练，意犹未尽，今天又恰逢愚人节，自然就想着互相愚弄一下，逗逗乐儿。

这不，一个说："哎，杨老师喊你到办公室一趟。"

另一个风风火火地来找我："老师，您叫我？"

"没有啊……"我莫名其妙。

"哈哈哈……"门口偷窥的那个，一通大笑。

孩子嘛，闹是天性。

第二节是我的课，课前我在讲台上候课，看见孩子们在教室里穿梭，互相追逐打闹，好像有使不完的劲儿。

最炫的那一个，不是别人，正是女孩儿语婧。只见她"嗖"的一下，像一道闪电，从我身边经过，瞬间蹿出前门，又从前门冲到后门，从后门冲进教室，在教室畅跑无阻，再次以迅雷不及掩耳之势冲出门外。总之，她就是跑、跑、跑，打、打、打，不是她打人家，就是人家打她。终于不打了，她还是闲不住，看见比她个子矮的渝涵站在后门旁边，她就过去拍了一下渝涵的头。

上课了，我怕她一时静不下来，就格外关注她。课堂上的她，可是"君子动口不动手"，也不听我讲课，只顾小声但滔滔不绝地跟她旁边的鹏鹏说话。

我不动声色地说了一句："语婧扣牌一张。"

牌的作用比我的作用大，语婧立即闭了嘴，趴在桌子上一动不动。

但这并不是好事情，她虽不说话，但也没有投入学习。她的课堂时间是无效的。

我该怎么办？盯着她的问题，继续严厉批评吗？当然不能。对孩子最好的帮助，是唤醒他们的学习主动性；对孩子最不公正的评价，就是不断地批评，一而再，再而三，直至把他们批得一塌糊涂，让他们灰心丧气。

我不能一味批评，于是我说："语婧被扣牌之后就变得安静了，这就是进步。"

语婧听见我点了她的名字，抬起头看着我笑了一下。她是个开朗爱笑的女孩儿，不爱斤斤计较。

我伸出双手，做着夸张的动作，说："语婧这小姑娘啊，很大气，像条汉子，一下课就'嗖'地一下蹿出教室……"

哈哈哈……大家笑得很欢乐。

语婧也跟着笑。她是被我夸张的动作逗笑的，自然不觉得尴尬。

果然，她坐直了，认真学习了。

也许这是课堂上的亮点，榕麟和梓妍不约而同地画了这一幕。

不要让孩子害怕犯错。孩子犯了错，既要上前一步指出来，又要退后一步给台阶。比如，丰泽上课说话，我点他的名字，说："你没好好学习吧？下课我查你的笔记哈！"我下课去查他笔记的时候，看见他正在奋笔疾书地抄同学的笔记，就稍微停留了一下，远远地看他抄完了我才过去。他把笔记打开给我看。我看完，悄悄问他："上课是不是没好好学？""嗯。"他不好意思地笑着认了错。老师给的环境宽松，学生就敢于说出真相，而不必吞吞吐吐，拆东墙补西墙。师生之间，只有坦诚交流，才能共同进步；不愿意直面错误，必有后顾之忧。

诗鸿作业有3道没写，我扣了他的牌，但没有斥责，只要求他补完给我检查。他补完了交给我时，特意确认："老师，今晚作业是不是第七课全写？"很显然，他是怕自己再漏写题。

退一步海阔天空。后退，不是忍让或姑息迁就，而是为了更好地帮助孩子成长。懂得了这个道理，今夜似乎会做出香甜的美梦。

23：31，晚安。

## 24.
## 教育本身并不平凡

▶ 2019年4月2日　星期二

今天是"世界自闭症关爱日",也是儿童文学大师安徒生的出生日,还是国际儿童图书日。总之,这是一个温暖又智慧的日子。

我穿着宝蓝色丝绒外套,内配土黄色连帽卫衣,怀着愉快的心情走进校园,开始这一天的生活。

在餐厅,遇见静老师。我们俩边吃边聊。

她分享了与6岁儿子相处的两件事。

第一件,儿子告诉她:"妈妈,如果有一天我死了,你就把我埋在大树下,这样我的尸体可以滋养万千棵树。"

第二件，近来她儿子发现有很多人在街口烧纸祭祖，就问她是怎么回事。她给儿子解释了清明习俗。儿子脱口而出："妈妈，如果你死了，我要给你烧两张真钱，100块的那种真钱，然后再烧很多张纸钱。我画个圈圈在里面烧，圈圈向四面八方开口。"

静老师问儿子："为什么啊？"

儿子说："因为我爱你啊！"

静老师讲到这里，幸福地流下了热泪。她说，她听儿子说出这话的那时那刻也是流了泪的。

我的眼里也升起热腾腾的雾。没有什么比母亲的心更柔软，没有什么比母亲的眼泪更晶莹。

童言无忌，6岁的孩子还没有金钱概念，他所说的在烧纸钱之前先烧掉两张100元真钱，对于他来说，已经是最多的钱了；孩子也没有生死概念，所以他口口声声"我死了""你死了"。但他每一次关于"生死"的表达，都与爱有关——即便死了，他也要拿自己的全部，去滋养万千棵树；烧纸钱向四面八方开口，是为了方便妈妈从任何一个方位取钱。而且，"向四面八方开口"，这是一个孩子独特的想象力与幽默感，是我们大人早已消磨殆尽的智慧与灵气。我确定，这个天使般的孩子，已经懂得了爱的真谛。孩子，只有被深爱过，才能相信爱、付出爱。

静老师说："教育其实就是聊天。经常陪伴孩子，每一天都是新的。"

我说："是的，教育本身并不平凡——以为教育平凡，是因为我们有一颗自甘平庸的心。"

吃完饭，我和静老师各自走向自己的教室。

一进门，我就笑了。

今日是语文早读，课代表乔总和琪琪把黑板报办得好有趣。她们画了一个卷轴，写上8个大字：奉天承运，老杨诏曰。

琪琪告诉我，当她们把卷轴画好，就情不自禁地想写点儿什么，想了想，就写了这8个字。

卷轴的下面，是早读的内容。她们认为，好的文学作品就是美食，所以又称今日早读为"美食节"——读书意味着汲取精神食粮。

我的课代表们越来越有思想啦！

接着，上了一节写作点评课。

根据当时的情景，榕麟为我画了第81幅画像，梓妍画的是第69幅。

上初中以来，班长刘大哥第一次写出了一篇好文章，我请他上台宣读。

他的文章里有这样的句子：

> 我爱上某某学科，是因为我的老师。我的某某学科老师是一名女老师，她看起来年龄也不小了。虽然我没有问过她，但是她眼角的鱼尾纹出卖了她的年龄……

哈哈哈……我们笑起来。

我说："女生的年龄不能随便猜的哦！岁月是把刀，刀刀催人老。不曾想，那么美丽的女老师，也被学生看见了鱼尾纹。古龙说过，美人迟暮，英雄末路，都是世上最无可奈何的悲哀。"

梓妍画的就是这个场景。她把刘大哥画得萌出了天际，把我的欢乐也画得飞出了教室。

最好玩的是，下课时，有小伙伴跟那位美女老师说起刘大哥的作文，恰好刘大哥进了办公室，美女老师问他："你说，人的年龄有多大还可以算年轻？"

刘大哥犹犹豫豫想了一会儿，回答说："50岁吧！"

美女老师开心地笑了。她离50岁还差好多年呢！

刘大哥悄悄把这事告诉我。

我为他点赞："你挺会说话的啊！这样就给了美女老师一颗定心丸，使她不至于有年龄压力。其实，每个女性都是怕老的。"

刘大哥笑了："嗯嗯嗯，今天又长知识了。谢谢老师。"

他去找小伙伴玩儿了。我一个人坐着，想了又想，作为老师，我们要有使命感，和孩子们共同成长，和他们一起学习一些相处之道，这是对别人的尊重，也是自我修为。

榕麟画的是另外一件事。下课前，我跟孩子们说，因为版权问题，从这一周起，我们的"画中话"由之前在微博和微信同时每日更新转为每周更新了。有想先睹为快的同学，可以私信我，我传送过去。

是的，我从不把学生当作不懂事的小孩儿，而是给予他们朋友般的信任。"画中话"是我们共同的精神内核，它的每一步发展、每一次变更，我都跟孩子们交代得很清楚。以前我每日更新的时候，有不少孩子和家长朋友都在追看，现在变为每周更新，要跟他们讲明白，以免他们担忧和牵挂。

"画中话"是我们生命中最美丽的部分。昨天，榕麟跟我说："老师，我带了新颜料来画你哩！姑姑送我的。"我一看，是榕麟最爱的进口颜料呢。梓妍试用了和榕麟的颜料同一品牌的画笔，她跟榕麟说："我给你钱，你帮我买这种笔好不好？"

"好啊！"榕麟欣然同意。

太感动！不仅孩子，不仅孩子的父母，连孩子的姑姑都给予了"画中话"强力支持！我感受着两个孩子最纯粹的绘画动机，又联想到所有孩子对"画中话"的关注与参与，忍不住热泪盈眶。这3年，我们师生一起做的这件事，或许与我们所有人的一生都有关。如此，教育就不再平凡。

23：00，道一声，诸君晚安。

## 25.
## 我忽然"脑洞大开"

▶ 2019年4月3日　星期三

今天是个和昨天一样的美好春日。当然，今天和昨天也并不重复。

我身着橘色肩章外套，内配黑色打底衫。榕麟为我画了第82幅画像，梓妍画的是第70幅。

今天的早读依然是语文。昨天下午最后一节课是自习，我看见几个课代表在布置今早的板报。他们拉榕麟做外援，画了精美的插图。平时的插图都是他们自己画的，昨天自习课榕麟有时间，他们就拉外援咯，孩子们是很会利用资源的。当然，他们也不会让榕麟白白劳动，在积分上给她加了1分。榕麟是个大气的女孩儿，平日里乐于助人，虽然她不在乎这1分，但课代表给她加分，

就意味着肯定她的劳动，这是孩子在不经意间形成的价值观，真好。

课代表为我代言。他们在板报上写下这样的文字：

> 大家好，我是老杨。今天早读的内容是背诵默写《卖油翁》一文中的重点字词，要求人人100分；不到100分的，我打破你的头！

但是，今早，我走进教室时，板报上的文字变成了这样：

> 大家好，我是老杨。今天早读的内容是背诵默写《卖油翁》一文中的重点字词，要求人人100分；不到100分的，我给你一个拥抱！

我心好暖，几乎要流下泪来。这是怎么回事呢？说来话长。

10年前，也就是2009年，我带孩子们去新郑参加军训。教官是一位30多岁的军人，他是所有教官里最年长、最有威信的一位，我没有见过他有一丝丝的笑容，他每一天都无数次板起面孔，声如洪钟地恐吓孩子们："谁不好好表现，我就打破谁的头！"

后来，军训结束，告别的时候，孩子们蓦然发现，教官叔叔不但没有打破过任何一个人的头，甚至连一根手指头都没有对谁动过。他凭着自己过硬的本领、严格的自律精神，深深吸引着孩子们。潜移默化中，我们的班级成了大家交口赞誉的"铁军"。孩子们爱上了这个不苟言笑的军人叔叔，回到学校还念念不忘。我觉得教官说的话有趣且亲切，就学着他，故作高冷地说："谁不好好学习，我就打破谁的头！"

一届学生送毕业，另一届学生接上手，一届又一届。"谁不好好学习，我就打破谁的头！"10年来，这句话也成了我的口头禅。

直到有一天，收到上一届学生鼎哥给我写的信，信里有这么一句话：

> 老杨，打破学生的头是暴力语言，不适合你这样温柔亲切的老师，建议不要再说了。

孩子的话，常常含着真理。于是，我欣然从命，停止了"打破头"的口头禅，代之以"谁不好好学习，我就抱抱谁"——这句话，我在《我是老师，也是永远的孩子1》里写过。

的确，"抱抱你"更应该是教育本来的样子，世界上也应该有更美的教学语言。我为有鼎哥这样直言不讳的学生而感到自豪，也因这10年4届学生对我的包容而感动，更对我本届的课代表们心怀感恩。他们真细心，发现了我的语言系统发生的变化。

今天课堂上有个环节是听写字词。听写到"霹雳""震悚"这两个词时，我说："凡哥原来是我儿子，听到这个消息，我似乎遇着了一个霹雳，全体都震悚起来。"

是的，这是我的听写风格。不孤立地听写一个又一个的词，而是创设语境，让孩子们在会认会写的同时学会运用。而我所说的"我似乎遇着了一个霹雳，全体都震悚起来"是引用了鲁迅先生的《阿长与〈山海经〉》中的原句，目的是引导孩子们熟读课文，牢记经典句段。当然，我并不局限于熟读课文，还要制造一个人人可以感知的具体语境。

班上那么多学生，为什么当事人是凡哥而不是别人？这是我的小心思。我的眼前，常有这样一幅画面：瘦瘦高高的他，一个人从公交车上下来，踽踽独行。时长日久，这幅画面印在了我的心坎上。2018年暑假，出于种种原因，他在被我校录取之后搬家了。家离学校比较远，夏秋季还好，在漫长的冬季里，天亮得晚，他总是踏着夜色独自坐公交车来上学。夜色将尽未尽之时，这个积极上学的少年显得有点儿孤单。他下车的站点，是我上班的必经之地，我们常常遇见，互相问候，然后一起走到学校。我在心里总希望他能得到更多温暖。

所以，今天听写时我就想到了他。

榕麟把我画得多么有趣啊！在她笔下，我双目圆睁，嘴巴成了"O"形，旁边还有一个感叹号。此时，其实他在远处。天涯咫尺，人和人之间的距离，不在于空间，在于心。如果我的这句话让凡哥感到了温暖，那也是我的幸运。

梓妍画的是我在批评皓皓："皓皓一上语文课就不知道自己姓什么了。"这是一句严肃而又调侃的话。课堂上，皓皓一向坐不住，说话、顾盼，无视我的种种暗示与提醒。我只好叫他的名字。但这不是好办法，因为被老师点名就要扣牌。如果每堂语文课都被扣牌，那么皓皓一定不会爱上语文。

今天皓皓又一如既往地说话、顾盼。我默默地看了他一眼、两眼、三眼、四眼……他仍无动于衷，我就笑着说了这样的话。大家都笑了，他也笑了。课堂有序推进，皓皓变得专心了。

下课，我坐到他身边，肯定了他后半节课的进步。他笑了，有一点点害羞。

我忽然想到，下一节语文课，如果他还不守纪律，我就把点名批评变成提问。之前，我关注他多，提问他少；也就是说，我教育得多，激发得少。我发现，春天里，他的个子噌噌噌往上蹿，他已经是个大小伙子了，对他应该有更隐蔽的教育方式。当一种方法不管用，我就该换另一种方法；第二种方法不行，我就换第三种、第四种……尝试与探索，永远是老师最好的快乐。如此，我竟有点儿盼望清明节假期赶紧过完，新周一快点儿来到了。我要提问皓皓和其他不爱学习的孩子啊！如果他们不会回答问题，我就给他们时间，让他们去请教同学，再来找我回答。或许有朋友会问，为什么你不直接给他们讲解呢？哈哈，我要让班级形成好学善讲的学风啊！像烨子那样的"学霸"，不能闲置，"温故而知新，可以为师矣"，这样，"学霸"既能巩固所学知识，还能帮助别人、快乐自己，岂不是可以发挥更大的作用？哦，感谢梓妍，她的这幅画像，让我忽然"脑洞大开"。

今天的课堂上，榕麟、语婧和任哥也都给我们带来了欢乐。

榕麟把《木兰诗》里"将军百战死，壮士十年归"翻译成：身经百战的将军战死沙场，征战多年的壮士胜利归来。

她忽略了这是一个互文修辞。天明点评说："拿破仑说，不想当元帅的士兵不是好士兵，那照榕麟这样翻译，谁都不想当将军了。"

哈哈哈，孩子们笑得好开心。榕麟频频点头，也不由自主地笑起来。她细长的眼睛，白皙秀丽的脸庞，扎着水晶球头花的两条小辫子，皆喜气盈盈。

语婧和任哥呢，都写错了字。

语婧把欧阳修《卖油翁》中的"以我酌油知之"写成了"以我喝油知之"。一字之差，喜感"爆棚"。笑得最开心的是语婧本尊。呵呵呵，呵呵呵……她笑笑，再笑笑，"醉"倒在桌子上。

默写的时候，任哥原本把"地"这个字写对了，但又改错了。我起先没有发现，给他打了 100 分，合上默写本的刹那，一下子看见了，就把 100 分划掉了。他拿到默写本，看着失之交臂的 100 分，一脸悲壮地对自己说了 4 个字："大哥，佩服！"

哈哈哈，和孩子们在一起，总是欢乐无限的。在春风中的成长，轻盈而丰富。

安徒生说："仅仅活着是不够的，还需要有阳光、自由，以及一点儿花的芬芳。"那么，我想，以爱之名，去做每一件事，就是这个春天最好的意义了。

今天是这一周最后一天上课。明天孩子们要励志远足，在北龙湖湿地公园围湖一周，步行 12 公里。我因足有旧疾，不再跟行。

## 26.

## 每一个学生，都是"我的"

▶ 2019年4月8日　星期一

今天是清明节小长假后的周一。狂风大作，气温大跳水，降到了7～14摄氏度。我穿了黑色加绒外套，内配红色卫衣。榕麟为我画了第83幅画像，梓妍画的是第71幅。

今天我上的是古诗文复习课。

有一个环节，我提问魏哥上台听写，其他同学在座位上听写。

魏哥有两处错误。

第一处，他把《木兰诗》中"将军百战死，壮士十年归"中的"百战"写成了"百年"；第二处，他把"双兔傍地走，安能辨我是雄雌"中的"辨"写成了"辩"。这应该是同一类的错误。

我点评时是这样说的："我魏哥，真英雄！打仗打了100年，真是旷日持久啊！""我魏，把'辨'写成了'辩'，有特异功能，识人辨兔都不用眼睛，用嘴巴。"

魏哥就和他的小伙伴们一起笑起来，教室里弥散着欢乐。

我板书了这样几个词：旷日持久，身经百战，分辨，分辩。

课堂气氛很热烈。榕麟和梓妍不约而同地把我画得喜气洋洋。她们总给我一双漂亮而温柔的大眼睛，让我永远时尚而淡定。哈哈，我哪有这么美，差着十万八千里呢！此时无声胜有声，孩子们用画笔教我做老师——是的，孩子们给我画像以来，我对自己的职业更加慎重与珍惜了。

学习本是一件很幸福、很快乐的事，我不想搞得老师面色铁青，学生如履薄冰。所以，我没有直呼魏同学大名，而称之为"我魏哥""我魏"。我对别的孩子也是这样称呼的。每一个学生，无论他是好是差，都是"我的"。他长成参天大树，是"我的"；他长成芬芳花朵，是"我的"；他长成低矮小草，是"我的"；即使他什么都长不成，也是"我的"。

正因为他是"我魏哥""我魏"，所以他不惧怕出错，他欣然纠错。晚上，他的妈妈加了我的微信。我想，一定是因为他回去说了一些美好的事情，激发了他妈妈的好奇心。我与魏哥的妈妈互加好友，绝不是一次普通意义的好友认证，而是我们之间的互相认同，是孩子促成了此事。

我想起陶行知先生说："您不可轻视小孩子的情感。他给您一块糖吃，是有汽车大王捐助一万元的慷慨；他做了一个纸鸢飞不上去，是有齐柏林造飞艇造不成一样的郁闷；他失手打破了一个泥娃娃，是有一个寡妇死了独生子那样的悲哀；他没有打着他所讨厌的人，便好像是罗斯福讨不着机会带兵去打德国一

般的恼火；他受了你盛怒之下的鞭挞，连在梦里也觉得有法国革命模样的恐怖；他写字想得双圈没得着，仿佛候选总统落选了一样的失意；他想您抱他一会儿而您偏去抱了别的孩子，好比是一个爱人被夺去一般的伤心。"教学中，我愿意去爱、去商量，而不愿意去教育。这一点，"我魏"是懂得的，所以他落落大方地介绍我与他妈妈成为朋友。

今天的课堂上，我和奕晗也发生了故事。

抽签背美文提问到她。她没背，按班规约定扣牌一张。课堂上她又与别人说小话，我看着她，温柔地问："姐，咱再交牌一张？"她上课说话，就得扣牌，但扣牌时，我玩了一个幽默，以年过半百之龄叫她"姐"，这又是一种缓和与示好。惩罚和示好同步进行，孩子不烦，老师不躁，轻轻松松解决问题。后续的学习，奕晗非常积极，还举手上台演板，根本没受连扣两牌的消极影响，反而感受到了我称她为"姐"的积极鼓励——终归是"我的"，孩子有一种稳固的存在感与安全感。

我又想起了昨天。那时我在茶馆喝茶，邻座是一位优秀的美女会计师。她终年出差，天上飞、地上跑，极少陪伴孩子。我们喝茶的时候，她10岁的儿子补习班下课来找她，他们有一搭没一搭地聊着。

妈妈索要儿子正玩得起劲的手机："手机给我，我问问阿姨下午有没有时间打乒乓球。"

"又是那个某某阿姨？又是你们打球我写作业？"

妈妈说："是的。"

我在心底轻轻叹息。孩子已有怨气，并且连说两个"又"字，说明这样的事情不止一次了。这本来无可非议，妈妈常年奔波，喝喝茶、打打球，也是换一种有趣有味的生活方式，"超人妈妈"也需要休息。

可是，这位妈妈根本没有在意孩子的不满与抵触。她与儿子如此贴近，却缺少正向的情感交流。她以为她打球的同时孩子写作业是"各取所需"，其实不然。节假日，孩子的世界绝不仅是上午补习班，下午写作业。孩子应该有一段父母陪伴的轻松时光。在这段时光里，没有作业，没有考试，但有爱的交流。据这个"超人妈妈"介绍，她好不容易有个节假日在家，前两天也一直在忙家务；到了这最后一天，她依然不把孩子往身边拉，而把他往外推。如果陪伴孩子的不是妈妈，而是作业，孩子就没有存在感。他在为学习而存在，而不是作为一个生命而活着。我了解到，这个孩子并不喜欢学习，学习成绩也比较差。我想，这是因为他没有得到爱的唤醒与激发，而只得到指令与要求。这个妈妈有一个教育误区：孩子的成绩越差，就越要好好写作业、上补习班，不能玩儿，越玩儿越差。

真相不是这样的。

如果妈妈不是约阿姨打球，而是跟孩子打打球，不管孩子打得好不好，最起码他被认真地尊重过，他存在过——这比要求他写作业的效果好太多。很多的孩子在被大人安排写作业、上补习班的时候，并不心甘情愿，也并不用心。鲜活的生命，只是在被消耗、被磨损。太多的大人总是被孩子的"伪成长""伪学习"蒙蔽。当孩子被按在书桌前，家长一定要观察与思考：他是不是在真正地学习？如果不是，不如停下来，陪他打一场球、唱一支歌、聊一会儿天。在奔跑、歌唱、欢笑的过程中，孩子悄然无声地找到自己，这才是最美好的事情。

亲爱的大人啊，从蒙昧中睁开眼睛，承认孩子是"我的"，而不是"作业的"或"错误的"吧！为你祝福！

## 27. 课堂是个无限开阔的空间

▶ 2019年4月9日　星期二

今天，风雨交加，4～10 摄氏度。我们都成了春天里的寒号鸟，以至于网上流传着这样自嘲调侃的段子：

春笋吃过了，桃花看过了，短袖也穿上了，秋裤又套上了。今天羽绒服也穿上了。是不是又快过年了？

昨天还是三生三世十里桃花，今天就成了你是风儿我是沙，灰头土脸闯天涯，众里寻他千百度，蓦然回首，那人却在翻箱倒柜找秋裤。总之，一句话概括郑州的气温就是：满30，立减20。

这春天里突然变得寒冷的日子,我穿着加绒加厚黑色绣花牛仔外套,内配红色高领毛衣,还是冻得瑟瑟发抖。榕麟为我画了第84幅画像,梓妍画的是第72幅。

抽签背美文又抽到了超凡哥。他背诵了陶渊明的"采菊东篱下,悠然见南山",他说:"这体现了陶渊明的超凡脱俗……"

大家笑着为他鼓掌。

我说:"我超凡对自己的名字很在意嘛,多好啊!他的名字本来也特殊,是一个固定词,好记、易用。其实呢,每一个人的名字,都不是简单的符号,要么有特别的意义,要么寄托着父母的期望。从某种意义上来说,我们的名字就是我们的荣誉,所以一定要爱惜自己的名字哦!"

榕麟把这个环节画了下来。每一个细节都是教育的契机。如果我能引导学生认识到他们的名字很珍贵,也算开发了一种教学资源。价值感,往往会成为一个人成长的动力。

今天上的是写作点评课。我带到讲台上的作文有很多本。以往我没有太在意作者的性别,谁写得好就点谁读。可是,最近我发现,连续几次,推介出去的都是女生的作文,男生集体失音。论写作能力,班上还真有点儿"阴盛阳衰"的意味。

我决定,助男生一臂之力。

我分别请女生茹丹、男生丰泽朗读自己的作品。大家评价说,丰泽不如茹丹写得好,选材与布局,语言与主旨,都是茹丹更胜一筹。我肯定了孩子们的意见,然后扬了扬手里的一沓作文本,说:"其实有好多女生都写得很好,但是我想让男生们也读一读……"

女生通常比男生敏感细腻,写出来的文字也耐看。就整体而言,写作是女生的优势,但也不应该成为男生的短板。"你不能做""你做不了"都是没有科学根据的。我坚信,没有谁是被注定的。

那要怎么做才能提高男生的写作水平？我想，应给男生搭建平台，让他们既有机会展示自己的才华，又有机会听到更多的评价、意见。

于是，我做了尝试，这次上台以男生为主。丰泽是今天第一个上台的男生，这也是丰泽第一次上台。他略微有些害羞，脸有一点儿潮红，声音也不大。看来，不能仅从性别上关注学生，从均衡发展的角度看，每个人上台的机会都要增加，慢慢形成自己的台风。闭上眼睛想一想，当2021年的盛夏这届学生毕业，回首这3年的时光，人人都有在语文课上侃侃而谈的经历，人人都形成了自己独特的气质与风度，那该多美！那么，我这个语文老师就不是个教书机器，而有了教育者真正的价值与意义了——那我该多么幸福啊！

在丰泽之后，勇磊也上台了。勇磊是一个数学"学霸"，他的作文有着清晰的逻辑，严丝合缝，滴水不漏，无论是时间变换还是结构照应，都严谨细致。他笔直地站在讲台上，声音洪亮，精神抖擞，就像一棵小树在春天里"噌噌噌"地拔节。窗外呼啸而过的风，似乎并不为制造寒冷，而是为少年助威、欢呼。

在我们唤醒成长、陪伴成长的过程里，任何外界因素都无法干扰简单而坚定的内心。如何把"一切为了人的发展"落实在具体的教学细节中，也是我的课程。边思考，边探索，每一天都像田野里的冬水，咕咕地起着水泡，透露着青春的气息。毕加索说："我穷尽一生精力，想像孩子一样作画。别让僵化的思想和浮世的忙碌埋葬我们的学习动力。"课堂，将成为一个无限开阔的空间，足够放飞师生的心灵，我要为此努力！

第四辑

顽皮如你,

我心不弃

## 28.
## 哎哟，今日情况不妙啊

▶ 2019年4月10日　星期三

一周过半了，气温依然走低。原来，4月天也可以跌宕起伏，波折不断。当然，比昨天好一点儿，今天不再下雨，阳光明媚，虽然并不温暖，但有春天的味道、春天的生机。

我穿了蓝绿撞色超薄超短羽绒服。同事和学生都很喜欢这件迷你款羽绒服，小伙伴美好说我把春天穿在了身上。榕麟为我画了第85幅画像，梓妍画的是第73幅。

下周期中考试，今天是复习课。这届学生太有个性，有不止一两个人，也不止一两次，私下里跟我说："老师，我从来不复习。我就是听听课、写写作业而已。"

我很吃惊。古人说："求其上者，得其中；求其中者，得其次；求其次者，不得。"所以呢，当他们只要求自己听听课、写写作业，则往往课也听不好，作业也写不好。早在2500多年以前，孔子就说过"学而时习之""温故而知新"，复习是学习的一种重要方式，他们却从来不使用。你通知他们下周要考试了，该复习了，他们却像没听见，或者觉得这事儿跟他们无关；他们以为你是说给别人听的，而不是说给他们听的。怎么办？谈心呗，等待呗，引导呗。所有问题，都是课题。咱不能焦虑、不能懊恼、不能失望，咱只能坚定信念，慢慢来，"三步走"。

第一步，确定每堂课明确具体的复习目标与问题，展示在黑板或大屏幕上。

第二步，学生根据这些目标和问题自主复习。可独立思考，可商量讨论，也可请教老师同学。我在走道上来回巡视，以提示、督促孩子们珍惜时间、专注投入。

这届学生爱分神儿，爱玩儿。他们对自己的评价是："呵呵，我们聪明，我们懒。"说来也奇怪，他们入校时来自不同的小学，却有着一样的学习习惯与性格特征：敷衍了事，得过且过。才13岁的孩子，却像历经世事、看破红尘的老年人，"你有你的千条计，我有我的老主意"，教育，非常不管用。当然，不是所有学生都这样，有70%的孩子是这样的——但这也是一支主力军啊！以至于有个性格特别好的老师万般无奈地说："马上要开教代会了，我准备提案，给每位老师准备一把戒尺——我有尺一把，专打书不读。"

孩子们不爱学习，咱就得给他们创造学习的机会，营造学习的氛围——在巡视的过程中，给予贴心的陪伴。孩子的问题，先从老师自身出发，不抱怨，不气馁。咱要腿勤嘴勤，多走动，多鼓励。

第三步，现场出题，当堂听写，检测效果。提问1~4位同学在台上演板，其他人在座位上做。做完，学生看黑板，师生一起批改演板同学的板书。而后，台下同学对照黑板自己批改并订正。我趁热打铁，现场检查订正情况。

今天，我出了6道题，请3位同学上台，他们是小马哥、榕麟、愿儿。

批改时，他们分别做对了2道题、3道题、4道题。其中榕麟字体工整、书写漂亮；愿儿字体一般；小马哥字体含混、难以辨认。

点评时，同学们说："老师，小马哥的字不规范。"

我轻叹一声："咱班也有歇后语了，就叫：小马哥写字——含糊不清。"

哈哈哈，大家笑起来。是的，我的原则就是：即便情况不妙，也要有笑声。少年的生活里、青春里，可不能缺少阳光与欢笑。

有了笑声，心就轻盈。梓妍大概就是因为记住了笑声，所以把我连同我们这堂课的"歇后语"画了下来。

下课，我经过榕麟身边，她悄悄告诉我："杨老师，杨老师，其实我们仨一上讲台就约定了，要同归于尽。"榕麟的画像就是我布置大家准备听写本时，他们仨"密谋"的场景："我们同归于尽吧！""好！""同意！"语言简洁，眼神伶俐，这事儿，定了！

原来是这样！如果榕麟不告诉我，我还不知道这其中的"内幕"呢！给孩子温暖，孩子就给老师信任，把知心话讲给你。只有真正了解了孩子，才能找到更合适的方法。

孩子所谓的"同归于尽"并不是一起对抗，而是自己没复习好的委婉说法。我注意了一下，批改时他们听得很专心。后来，我又追查了一次，有的掌握不错，有的掌握不好，我又给了弥补机会——给机会时，一定要让孩子乐于接受，这就需要老师的语言艺术，我说："哈哈，已经掌握了95%，还差5%，再来一次，一准儿过！"孩子就认认真真地做，我就开开心心地为他们鼓掌。

今天情况不妙，也得算上课代表表现不好。我的课代表，上课学习不专心，作业不认真，发作业时不积极、不主动、不负责，和同学下五子棋。下课时我把他们召集起来，谈了谈我的所见所闻所思。

晚上下班回到家，我就接到了诗乔的电话。她说，他们已经开了课代表周工作例会，分配了复习任务，同时借来烨子这样的"学霸"为他们助力。我表扬了他们，并向他们致谢。

近来总收到同行长长的来信，细数学生的种种不是，问我有没有又快又好的可操作措施，我告诉他们：教育没有秘诀，唯有用心；情况不妙的时候，不要只顾着列举学生的错误、指责孩子的不对，而要为孩子多花些时间，哪怕一天多花10分钟，一个星期就多花50分钟；时间是美好的种子，落在孩子的心上，就会开出美丽的花朵，如此，不也够好吗？

## 29.
## 不仅仅是《骆驼祥子》

▶ 2019年4月11日　星期四

今天的气温并不比昨天高,依然是清凉的春日。我穿了大红的丝绒连帽夹克,黑色的字母并绣花拉链,显得格外醒目。榕麟为我画了第86幅画像,梓妍画的是第74幅。

今天的课程是师生共读老舍先生的《骆驼祥子》。

《骆驼祥子》是课外必读名著。昨天我领着孩子们回顾了一些故事情节。当时的方法是这样的:全体同学你一句我一句、七嘴八舌地说着情节,我顺着他们所说的在黑板上板书。到祥子与虎妞结婚这一节的时候,下课铃响了。

我故作高深地说:"俩人结婚了,后事如何呢?"

孩子们说:"且听下回分解!"

也就是说,原计划今天继续由我领着学生回顾故事情节。昨晚回到家里,我忽然想到，由我领着孩子们理顺情节不是最好的方法。我领着，只是为了速度快、省时间，看似热热闹闹的课堂，到底有多少人在这思路上一起走？不得而知。不行，得调动与发挥学生的学习主动性，得提问学生上台演板，亲自"操刀"。

今早上班的路上，我遇见了鲁豫姐姐，我们俩一起走了一段路。我们住在相邻的两个小区，经常在上班路上遇到，边走边聊，共度一段温馨时光，这也增加了我们对彼此的了解。比如，我知道了她名字的由来。她的全名叫陈鲁豫，后面两个字分别是山东、河南两省的简称，但其内涵并不是爸爸和妈妈一个是山东人，另一个是河南人；而是爸爸姓陈，妈妈姓鲁，豫是她的出生地。鲁豫是个漂亮、大气的班长，她肯负责、能担当，每天都为集体着想、为同学服务，人称"国民姐姐"。

我忽然想到昨晚打算提问同学上台演板的事。在有限的时间里，完完整整地理顺一部长篇小说的故事情节，并非易事，需要提前准备。

我问鲁豫："上课的时候，你上台把《骆驼祥子》的故事情节写一遍吧？"

"我……"在同学中很有影响力的国民姐姐有点儿犹豫。

我知道她是怕出错，就鼓励她："你不是提前知道板书的内容了嘛，你可以做做准备，想不起来的情节，也可以请同学帮忙。再说，写不全我又不批评，怕什么呢？你上台演板，错的地方能记得格外清楚，因为你要在大庭广众之下写出来，这和在自己座位上写出来的感觉还是不一样的。板书后，大家都帮你批改，你听讲的专心程度也是最高的。还有，允许修改哦！你写完回到座位，发现了错误，还可以上台进行修改，次数不限。"

"好。"鲁豫姐姐同意了上台演板。

教室前面有两块黑板，一块给鲁豫用，另一块不能空着。我计划再提问一个男生。

早读前收作业，课代表告诉我，天明与刘大哥昨晚的作业都有3道小题没做，按班规，需要扣牌并且补齐作业。刘大哥爽快地把牌交了，天明拒交。他不交牌的理由是：昨天下午他请假了，不知道那3道题要写。

这个理由不成立，因为作业我是上午在课堂上布置的。

于是，课前，我找到天明，想做他的工作让他交牌。

见到他之后，我忽然改变了主意。跟孩子讲道理，不如激发他挑战自己。

我说："天明，你若能够在黑板上写出《骆驼祥子》的全部情节，我奖励你一张牌，这样就可以抵消你要被扣的那张。"

"这……我……好吧，我再翻翻书看一眼哈。"天明吞吞吐吐，最终答应了下来。

天明飞速地翻着书，又和小伙伴"密谋"了一会儿，上台了。

两个人演板结束，就该批改了。

两个人都写得很不错。天明真的得到了一张牌。鲁豫写的没有天明写得详细，不得牌。

我点评时说："我们先来看看字体。天明的字，潇洒，随意，有点儿炫酷；国民姐姐的字，则端庄优雅，气质高贵，真好看啊！"

榕麟把这个场景画得多么有意思啊！她不画我的正面像，而是画了个背影，脑瓜儿后面的帽子一下子给我减龄40岁，我最多也就剩下10多岁了。同样有趣的是，榕麟用两种不同的字体在黑板上写下"骆驼祥子"4个字，分别代表鲁豫姐姐的端庄与天明哥哥的随性。这幅画像真是太有创意了！榕麟也常常告诉我："我就是喜欢不走寻常路。"今天，榕麟还告诉我，为了模拟随意的"天明体"，她可费了劲了，因为和鲁豫姐姐一样，她也一直写"工整体"，写不了"随意体"。为了使画像逼真，她要下一番功夫练习。我不知道行家里手们怎么评价榕麟的画，我从一个门外汉的角度来看，榕麟是敬业精业的。

点评完鲁豫和天明的板书后，我说："1936年，老舍辞去了山东大学教授一职，专心从事写作。他为《骆驼祥子》这本书倾注了全部时间与心血。1937年

1月,《骆驼祥子》在《宇宙风》半月刊上连载。1937年8月,他返齐鲁大学任教,1930年时他曾在齐鲁大学任教过。1939年,《骆驼祥子》由'人间书屋'正式发行。这本书是他的代表作,也是他本人最钟爱的作品。与其说他写的是旧社会人力车夫的辛酸故事,不如说他挖掘的是透彻人性。然而,写作《骆驼祥子》大约30年后,1966年,时值'文化大革命',老舍不堪受辱,投湖自尽,终年67岁。老舍能看透人性,却看不透自己的人生!"

梓妍大概被我这句话触动了,她画的就是这个场景。她把我画得好萌,一双猫眼真明亮啊!看着看着,我就情不自禁地笑起来。

课堂上的气氛太热烈了,我根本停不下来。下课回到办公室,又和同事讨论起《骆驼祥子》。

我特别推崇老舍先生刻画人物的高超技艺,他把祥子写活了。透过书页,我真真切切地看见了一个健康、健壮、健美、老实、坚韧、有理想的青年,他没有文化,没有多高的眼界,没有多大的胸怀,却遇见了一件又一件事,一次又一次地磨损着、消耗着他的希望,直至希望彻底破灭。他无处诉说,无法辩驳,由一个诚实可靠的青年变成了麻木、潦倒、狡猾、自暴自弃的行尸走肉。不仅祥子,虎妞、刘四、小福子、曹先生、夏先生、杨先生、杨太太、老马小马祖孙俩、孙侦探,每一个人物,不论大小,都性格鲜明。我甚至感觉到,他们不再是虚构的人物,而是活生生的人。他们走出书页,走进我们的生活:住在我隔壁的,是曾经朝气蓬勃后来颓废不堪的祥子;迎面走来的,是黑塔一样敢爱敢恨、爱吃零嘴、有着强烈控制欲的虎妞;我在闹市里见过刘四,我在巷子里见过曹先生……总之,我与他们,息息相关。

我也佩服老舍先生的语言运用。不愧为语言大师,金句频出。我顺口都能背出:

> 他不甚注意他的模样,他爱自己的脸正如同他爱自己的身体,都

那么结实硬棒；他把脸仿佛算在四肢之内，只要硬棒就好。是的，到城里以后，他还能头朝下，倒着立半天。这样立着，他觉得，他就很像一棵树，上下没有一个地方不挺脱的。

他天生来的不愿多说话，所以也不愿学着城里人的贫嘴恶舌。他的事他知道，不喜欢和别人讨论。因为嘴常闲着，所以他有工夫去思想，他的眼仿佛是老看着自己的心。

况且他有他的主意：多留神，少争胜，大概总不会出了毛病。至于讲价争座，他的嘴慢气盛，弄不过那些老油子们。

脊背微俯，双手松松拢住车把，他活动，利落，准确；看不出急促而跑得很快，快而没有危险。就是在拉包车的里面，这也得算很名贵的。

但是，他下了决心，一千天，一万天也好，他得买车！

他深信自己与车都是铁做的。

他觉得用力拉车去挣口饭吃，是天下最有骨气的事。

他的车能产生烙饼与一切吃食，它是块万能的田地，很驯顺地随着他走，一块活地、宝地。

最使他不高兴的是黑漆的车身，而配着一身白铜活，在二强子打这辆车的时候，原为黑白相映，显着漂亮；祥子老觉得这有点丧气，像穿孝似的。

小福子露出些牙来，泪落在肚子里。

随你老头子有成堆的洋钱，与天大的脾气，你治不服这个一天现混两个饱的穷光蛋！

曹先生的话能感动他，小福子不用说话就能感动他。

这样的句子，我的记忆仓库里还有很多，这里不再一一记录。我继续写点儿与同事的讨论。

"90后"同事玮老师说："我倒觉得虎妞是一个很有生命力的人物形象。"

我说："尽管老舍把虎妞写成祥子面前的一座黑塔、吸人血的妖精，但虎妞并不恶，她甚至代表着一种思想解放。老舍把她写得恶，是从祥子的角度去写的。她依然是个立体的形象，是这本书的女一号，是文学画廊里一位独特的女性。正如你所说，她是文学作品里富有生命力的人。她不是最重要的那个，却是读者绕不过，并且可以津津乐道、侃侃而谈的一个人物形象。这就是你所说的超越时代的人物形象。就算时间再过去一千年一万年，虎妞也有她的存在意义。这就是大师笔下的人物设定。"

我们还想继续讨论下去，可学校突然通知开会，我们就先在这里绾了一个结。

晚上回到家，我和玮老师又微信聊了起来。

玮老师来微信说：

我感觉祥子是一个缺少雄性魅力的人，遇到一件事，他就退缩一步；再遇一件事，他又退缩一步。他没有血性，没有个性，只是被动地、被迫地被社会改变，被别人改变。他甚至还不如虎妞爷们儿，虎妞还敢跟她爹抗争，祥子根本就没有抗争意识。所以，他一点点被宰割、被扼杀。读他感觉心好闷。倒是对虎妞印象深刻，总觉得她是个很不一样的人，如果以对生活的态度来分类，虎妞和祥子是一类，其他人是另一类，只有虎妞和祥子是在追求着自己的幸福的，其他人更多的只是在活着。如果以生命的张力和爆发力来分类的话，虎妞是一类，其他所有人是另一类。

祥子和虎妞的追求，都是视野狭窄、认死理、抓住救命稻草一般的倔强。但祥子在一次次挫折中，慢慢改变了自己；虎妞在和自己的父亲发生冲突时，却敢于突破生命的常规，敢于冒险拼一把。如果说祥子是一匹闷声不响的骆驼，虎妞就是一只敢于咆哮的老虎。祥子的眼泪往心里流，慢慢地、一点点地被残忍地吞噬；虎妞的流泪则是痛哭一场。其他人都身处书中营造的那个时代，虎妞的个性却有超出时代的特征，在整本书阴沉的氛围和人物阴沉的个性中，是一抹生命的亮色，她是欺骗的、刁钻的、泼辣的、粗俗的，但她也是书中最有声响的人物，其他人是无声的，她是响亮的；其他人的性格蒙着一层灰色的幕布，虎妞的性格是大红大紫的鲜明。

如果以虎妞的视角来重新讲述这个故事，我们会发现一个不一样的虎妞和一个不一样的祥子。

从社会发展的角度寻找原因，我们侧重于分析时代；从文学的角度寻找原因，我们侧重于对人心人性的深度解读；从教育的角度寻找原因，我们又关注人的家庭背景和人的成长性。在小说中，祥子是没有成长的，祥子是从纯净世界来的一朵花，慢慢沉浸在污泥中，我们从中看到了美的死亡。虎妞则是一株在污泥中长出来的带刺荆棘，生于污泥，长于污泥，带着污泥（没有母亲，而父亲又是刘四爷这样的人）。我们当然要看到她内外叠加的丑，但我们也应该从中看到生命的坚韧，看到生命野蛮生长的力量。

  以现代人的角度来看，老舍笔下的虎妞有些不听老舍的话，不过这也是老舍的荣耀，虎妞有自己的生命力，盖不住。经典就是经典，在不同时代不同人的不同视角里，它都在丰富而有个性地生长着。

  夜深了，我一遍遍读着玮老师的文字，深感后生可畏。我也更加佩服老舍这样的大师，他笔下的人物，不管角色大小，都是多个棱角的，是丰满的、立体的。仁者见仁，智者见智，每一个读者都能从中获得自己的阅读体验与阅读价值。如此，我们读的、聊的，是《骆驼祥子》，却又不仅仅是骆驼祥子。

  这篇日志有点儿长，写到了4月12日2：06。可是，依然有很多是我的拙手没有表达出来的。只能写到这儿了！天亮后，我要继续努力地学习。道一声晚安，再道一声早安。

## 30.
## 那个"皮皇"现在怎么样了

▶ 2019年4月13日　星期六

沾衣欲湿杏花雨，吹面不寒杨柳风。昨天，阴雨，但不冷。春天毕竟是一年四季中最好的季节，不冷不热，也能使人静下心来想一些事、做一些事。

我穿了一件红色格子外套，内配红色马甲。榕麟为我画了第 87 幅画像，梓妍画的是第 75 幅。

她们俩不约而同地画了我和烁儿的故事。

对，烁儿，就是那个人称"皮皇"的课代表，在《我是老师，也是永远的孩子1》中我写过他。

那么，这个学期，他怎么样了呢？

他是个负责任的课代表。每天早晨，他收了语文作业，在我批改之前，他要逐一检查。谁做得好，谁做得不好，谁空了几道题，哪怕只有一个填空题，他都记得清清楚楚，然后用生动幽默的语言说给我听："语文老师，语文老师，我们这一大组写得最好的是×××，他的字好看得像春天的花朵；写得不好的嘛，是×××，他的字像群魔乱舞，一片混乱……"

每一天，烁儿一看见我，就像看见久别重逢的亲人："嘿嘿嘿，杨老师……"真的，在烁儿眼里，语文老师与语文课代表是亲戚。

然而，烁儿啊，他只记得自己作为课代表的使命，却忘记了作为学生的职责。正是英语早读时间，其他同学正叽里呱啦、热火朝天地背着英语单词，他却跑到我身边嘀嘀咕咕地说语文作业。

我悄悄告诉他："好孩子，快去背单词吧！先放下语文作业，下课再说哈。"

"哦！"他这才恍然大悟，发现自己偏离了方向。是的，他还是一个需要老师不断提醒的成长的孩子。

烁儿是个活泼有趣的男生。每个语文早读，课代表们都会办一期黑板报，在板报上写早读任务、名句积累、答题方法、激励语等。有一次，轮到烁儿主办，他在黑板上写的句子是：爸爸正常的时候，是我的靠山；发脾气的时候，是火山。

我问他："烁儿，这么好玩儿的句子，是你自己写的，还是在什么地方看到的？"

烁儿笑嘻嘻地说："是爸爸告诉我的。"

哦，原来烁儿的幽默风趣是从爸爸那里遗传来的。

烁儿是个有独立思想的男生。前天的作业，有一道练习语言的简明连贯的题，原题是在横线上把句子补充完整：如果太过忙碌，就会_____。

后文有提示语"劳累疲惫"，按照语言的连贯性，在横线上填上这4个字就好。烁儿不是这样答的，他写的是"导致猝死"。我告诉他："你这个答案，是忙碌不堪的条件下最恶劣的结果，要注意从原题的提示语中找到答案。"

他说:"老师,每天加班就会导致猝死,这是真的呀!如果不减轻学生的课业负担,我们就危在旦夕了啊!"

哈哈,他还是那个无视"标准答案",根据自己内心所想写出真心话的孩子。

烁儿是个粗心且调皮的男生。有的时候,他会因为下课疯玩而忘了收作业,甚至连自己的作业都忘了交;更不靠谱的是,上课前,预备铃响,别的同学纷纷回到座位上,他却摸着后脑勺,神色慌张地说:"哎呀,我还没有去洗手间呢!"只见"刺溜"一下,他像风一样消失在楼梯口,奔向楼下的洗手间。

他的作业,几乎每天都是全班错得最多的。就拿最简单的根据拼音写汉字题来说,拼音分明是 jùdàn,他写出来的词语是"鸡蛋"而不是"惧惮",完全是"硬核"出错,不服不行。

昨天的课堂上,我请他上台演板,他把每个字都写得比二斤重的沙窝萝卜都大,挤得旁边的同学无法伸展胳膊。

我批改的时候,意味深长地看着他:"烁儿,你写的字这么大,我又不是老花眼。"

榕麟画的就是这个场景。她画得多么可爱啊!我跟烁儿说这句话的时候,烁儿的确就是这样扬着脸一脸无辜地看着我,说:"哦,老师,这样啊。"

忽然,"咕咚"一声,烁儿的文具盒掉在了地上。又"扑通"一声,他敏捷地钻到桌子下面去捡文具盒。

我指出他的错误,他却半天没有从桌子底下爬上来。我叫了他一声:"烁儿!"

他从桌子底下探出脑袋,跟我挥手,说:"老师,我在这儿呢,我知道错误啦!"

13岁的孩子了,还是一个淘气包。我又好气又好笑,长叹一声:"别人教的娃要强,我教的娃要命啊!"

梓妍画的是这个场景。她一定深知我的无奈,特意把"要命"二字加粗了,还在我的额上画了一滴汗。唉，遇上了烁儿，我必须肚里能撑船、额上能跑马啊！

　　昨天下午，另外几个课代表找我吐槽。他们说，烁儿就是一个添乱宝，比如，课代表开例会，不管是谁提出一个话题，他都能吧啦吧啦说上半小时，而所说的内容完全与工作重心不挨边儿；再比如，课代表一起做事情，他做过的都需要别人返工。乔总跟他谈过，可是，她苦口婆心地"教育"了半小时，他也就能管住自己10多分钟。

　　有课代表问我：能不能以后不让他参与数卷子、开例会这一类的事情？

　　我毫不犹豫又委婉含蓄地告诉他们，不要把任何一个伙伴排除在团队之外。每一个人都不是天生最棒，后天的培养非常重要。当我们发现小伙伴问题多多，第一要思考的，不是批评责备，而是如何陪伴与帮助、启发与鼓舞。烁儿有很多积习，他贪玩、调皮，但他也需要鼓励——那么，我们就给予他鼓励。为了给予他更贴切、更受用的鼓励，我私下跟诗乔谈了，委托她帮扶烁儿。课代表中，诗乔是跟烁儿私交最好的，诗乔有相对宽容的心态，烁儿跟她相处很轻松、不压抑。我之所以并不急于和烁儿聊，是因为我一向认为，论影响力，老师比不上同学，大人比不上孩子。带动烁儿成长，在我们所有人中，诗乔是不二人选。

　　是的，烁儿还是那个烁儿，即便他在众人的强力支持下做了课代表，也依然是那个"皮皇"。这是教育的无力吗？当然不是。相比于刚入学那会儿，课堂上他安静多了，很少捣蛋了，这是他最为明显的进步。

　　这个双休日，我布置了一套练习题，其中最后一题是写作，我没有讲明这个题是否要写。今天上午，烁儿与诗乔先后来电询问。我告诉他们，最后一题不写。他们说："好的，我们发到微信群通知小伙伴。"

　　后来，我就看见烁儿在群里发了通知：

语文作业：

1. 背美文；

2. 复习，背《竹里馆》等4首古诗，下周一给自己的组长背；

3. 一张期中综合测试卷，不写作文。

其中第二项不是我布置的，是他们几个课代表安排的。当一个人有了使命感，成长自然不是问题嘛！

也许有朋友会问，半年多了，为什么烁儿并没有大的起色？

我想，一是因为教育不是万能的，成长中，有些忙最终我们也帮不上——当然，帮上帮不上，我们都会全力去帮；二是因为教育是个漫长的过程，我们还要有等待的心，还要不断探究新的沟通方式与教育方法。春风化雨，万物生长，生活还在继续，烁儿终会长大。一切美好，都值得期待。

18：10，落日余晖照在窗子上，日子还在亮着，心也在亮着。黄昏安。

## 31.
## 重新再来也要快乐呀

▶ 2019 年 4 月 15 日　星期一

新的一周开始了，我穿了一件灰粉色一粒扣超短小西装，内配黑色高领打底衫。榕麟为我画了第 88 幅画像，梓妍画的是第 76 幅。

自从给课代表开过会，课代表们都变得积极主动了。这不，本周四要期中考试，上周五，他们 5 个人一合计，出了一套练习题给同学们做。他们把题拿来给我审核的时候，诗乔已经自费复印出来了，全班人手一份。好吧，课代表不仅出题，还出钱，我这个老师真感动。

我只选了字词题让孩子们做。我们定的做题时间是今天的早读。

忽然，我发现题页上有 3 个错字。

怎么办？要每一张都返工，逐一修改吗？如果在使用的时候，发动同学们自己找出来错字，是不是更好？

"好啊，好啊！"课代表们欢呼雀跃，"这样的场面想想都是开心的。"

被尊重的孩子是敢于探索的。他们提出，把3个错字全部找出并写出正确的字的同学，可加2分。真好啊，在辨析中找出错误，是一件很有意思的事哦！不要担心孩子出错，也不要孩子一出错就批评，多想一会儿，总有更好的办法。

果然，今天早读，挑错纠错的气氛异常热烈！好像每个人的眼睛上都有探照灯，能把那3个错字照出来。孩子们的手啊，举起来就像小森林。我走在教室里，就像走在森林公园里，空气清新、沁人心脾。我想，气氛之所以如此火爆，主要是因为课代表们运用了"加分政策"。我常常说要向孩子们学习，他们能把复杂的事情简单化、智慧化。把课代表的力量调动起来，既能减轻老师的负担，又能锻炼课代表的能力，还能找到更好的解决方案，好棒！

然而，到实际操作时又出岔子了。给了复习时间，可是，这届学生不喜欢复习，他们喜欢的是东张西望、抠手指、说小话儿。他们以为这么点儿字词难不倒他们。

下了早读，我立即改默写条。哎呀，那真是错得一塌糊涂、不忍细看！

第二节是语文课，怎么办？只有根据实情临时调整课程内容。

我把早读默写出错的高频词又做了提示。

梓妍画的就是这个场景。我说："好多人把'瑕疵'的'疵'都写错了，写成了'疪'。"

梓妍把我画得神色自若、从容不迫。事实上，我起初是焦急的，周四就要期中考试了，孩子们连基础知识都没有掌握好，这可怎么办！

我知道，孩子不够好的时候，大人着急忙慌，非但于事无补，反而是拿孩子的错误惩罚自己。坏情绪是一种破坏力，会磨掉孩子对学习的向往。于是，我让自己平静下来，改变之前的课程计划，把出现率高的错误词汇重新听写。

我二次批改，孩子们二次订正。课堂是有动态功能的，很多时候，它会产生意想不到的成果，这算得上我们所得的意外惊喜与奖赏；也有很多时候，它会生成新的问题，那么，除了改变教学预设，我们别无选择。如果硬着头皮推进先前的计划，自己费了劲，学生也不一定学得会。那么，我们的付出，不过是出力不讨好而已。

孩子们重新听写后，我要收来再改。

可是，有的孩子磨蹭，写不完，交不上。

我给出了提示："写不完我就要扣牌了哦。"

话一出口，我立即感觉自己说话不恰当。这哪里是美好纯粹的教育呢？虽然语气词"哦"带着俏皮，但依然掩藏不住其中吓唬学生的意味。教育需要奖励与惩戒，但恐吓绝不是教育。更重要的是，我们要尊重个体的差异，允许有的孩子慢一点儿，并且慢的孩子应该被我们厚爱。

我得补救。于是，毫无征兆地，我在后面加了个昵称，我说的话就成了："写不完我就要扣牌了哦，宝贝儿！"

好奇怪啊，我称学生"宝贝儿"！我从来没有称呼任何人为"宝贝儿"，包括我亲爱的女儿，她长到20多岁，我从来都没有这样亲昵地称呼过她。

我把我这半个多世纪以来最亲昵的称呼给了我的学生。我把自己吓了一跳。

孩子是欢喜的。榕麟给我画的画像，配的就是这句话。我不知道诸君会不会对这个称呼感到肉麻，但我的心，真的随着年龄的增长、教龄的增加，越来越柔软，我对学生越来越亲近。我常常不觉得他们是我的学生，而认为他们是我的晚辈、我的家人。我相信，在孩子那里，我的话也化作了春风，弥漫在教室里，因为孩子们纷纷愉快地交来了听写条。

我再次批改。我的眼，又近视又老视，一个上午两次批改，眼睛瞅得几乎要流出泪来，颈肩腰腿也都很僵硬，但我和孩子们，依然是开心的啊！

克里希那穆提说："心，只有在悠闲中才能学习。"我们是愉快的，也是和谐的。下了课，课代表中的3个女生——乔总、琪琪、诗乔来找我，她们已经把明天要听写的字词出成了小页儿。我拿出钱准备到校外去复印。班里的"私事"，不好意思拿到学校打印室，就自己出资咯。再说，我也被诗乔感染，上一次复印是她办的，我问她多少钱，她说："不知道，我妈妈拿去的。"那一刻，我被诗乔妈妈感动了。这是她对女儿的支持，也是她对我们整个班级的支持。

班长鲁豫姐姐来找我："老师，咱们班费还有几十块呢，不让您出这个钱。"

天明跟我说："老师，我知道一个最便宜的复印店，我去吧！"

爱生和气，和气生爱。爱与和气，相辅相成，相得益彰。春天里，白天时间长，18：00放学的时候，太阳还老高呢！我路过车库，看见几个孩子叽里咕噜地攒到一起，就走过去蹭热闹。

走近了，才发现是小组长在检查组员背诵古诗呢！我知道，这也是课代表的安排。静静聆听，心花怒放！

茹丹和鲁豫姐姐也走过来。

她们笑嘻嘻地说："老师，我们能约您一起回家吗？"

"能啊，能啊！"我欣然同意。我们仨是邻居，茹丹跟我同一个小区，鲁豫在邻近的小区。"三个美女一台戏"，我们仨走着、聊着、笑着，羡煞旁人。

晚上回到家，收到两条微信。

一条是天明爸爸的：杨老师，小页儿已复印好，明天孩子带到学校，放心吧！

一条是学校餐厅安经理的：杨老师，我在路上看见你了，跟你打招呼你没听见，你跟两个学生聊得好开心，你真幸福，羡慕你。

好情绪也是一个传染源，能让旁人被传染。如果，我每一天都以愉快的心情对待孩子，哪怕重新再来，也不急不躁，那我就有好福气咯！

## 32. 自我教育比接受教育好玩儿多了

▶ 2019 年 4 月 16 日　星期二

今天是一个气温回升的日子，好像春日将尽，夏日要来。真好啊，空气质量优。我穿了一件短款淑女装，蓝白相间的小麻格子，衣领、袖口、下摆、小口袋上的小盖子都是蓝色牛仔布，淑女风中藏着几分俏皮，也为我减龄。榕麟和梓妍也都是喜欢的，因为她们看见我的衣服的时候，眼里都是笑意。榕麟为我画了第 89 幅画像，梓妍画的是第 77 幅。

今天的早读用的是课代表们出的小页儿。昨晚天明复印出小页儿，今晨带到了学校，我谢了他，他挺开心的。送人玫瑰，手留余香嘛！能帮助别人和集体，是一种幸福。我确定，今天的天明是幸福的。

孩子们拿到小页儿，纷纷举手。哈哈，他们发现了小页儿上的错误。

昨天琪琪在出题的时候，悄悄告诉我，她故意出错了一处，挖了一个"坑"，让同学们掉进去，这样他们就记得牢。她说得有道理，当学生自己发现问题，就会产生成就感，增强自信心和学习兴趣。

我在教 2015 届的时候，有一天大长腿和他的同桌小不点问我："你看，老师，同一本书，为什么在语文课本里是《马可·波罗游记》，在历史课本里叫《马可·波罗行记》？"

其实这没什么，"游"和"行"是近义词，不过是译者用词不同。可是，蓦地，我发现这其中藏着一个契机，就说："你俩真是有火眼金睛，'游'和'行'，仅一字之差，却被你们发现了！来，给你们拍照留念。"从那以后，全班同学读书时都格外细心，唯恐错过发现错误的机会。而我呢，更加注重引导孩子们自己去发现、去质疑。孩子的每一个发现、每一次质疑，不管是大是小、是对是错，我都给他们正面的肯定与欣赏。如果孩子的质疑是错的，我会在肯定之后指出来："不过，这里……"这样，孩子容易接受，也能及时矫正。

那么，像今天这种情况，孩子们热火朝天地质疑，自然会受到鼓励。

为了给孩子们一个方向感，我故弄玄虚地说："今天的页子上有 5 处错误哦！"

哈哈，我其实没有料到会有这么多错误。我调查了一下，这 5 处，除了琪琪故意出错的那处，其他 4 处都是课代表们犯的错误，这一次，"拔出萝卜带出泥"，课代表们发现了自己的错误，他们之前还不知道自己错了这么多哩！所有错误的暴露，都不是坏事。诗乔自嘲说："嘿，好'打脸'啊！"哈哈，哪有那么严重！

不用我教，孩子们记住了自己的错，也纠了错，这就是有效学习。梓妍画的就是这个时候。她把我的眼睛画得明亮而天真，好像我在和学生捉迷藏；而我不是老师，只是他们年少的朋友。

即便孩子错误连连，我依然认为他们出题比我出题好。我教 2009 届的时候，复习题都是课代表出的。如今 10 年过去了，孩子们每次回母校看我，都很怀念那些出题时艰难而快乐的时光。出题比做题费心多了，要研究试题类型，要给出答案，这比老师出题给他们做刺激多了、新鲜多了，也更能激发学生的求知欲。就拿这次来说吧，众人拾柴火焰高，孩子们很快找出了5处错误并修订。

然后就是听写。和昨天一样，我忙得像个陀螺不停地转。我抓紧时间把听写改完。

上课的时候就反馈。不少人把"苛捐杂税"写成了"苟捐杂税"。榕麟笔下的我，在说："一群'狗'（苟）啊！"榕麟把我的表情画得很复杂，有无奈，也有欣喜，值得玩味。

那么，获得了自我教育，孩子们会有怎么样的成长呢？他们会变得勇敢、有趣、上进、不怕失败。

他们知道，成长中，错误在所难免，不必害怕，他们有底气瞭望未来。

比如，烁儿上课说话，我批评他："你整天就是'叨叨叨'！"

他说："老师，缺点是可以变成优点的。我将来想做个主播，可不就得'叨叨叨'！"

我不由笑起来，说："可是，主播也不能只会'叨叨叨'，也有静下来思考的时候啊！哪像你这样停不下来呢？"

他恍然大悟道："哦，也是哈，我不能只会'叨叨叨'！"他有很多缺点，但他有一个最大的优点，那就是会慢慢地调整自己。这是无价之宝。

这让我想起冰心的小诗《可爱的》。

> 除了宇宙，
> 最可爱的只有孩子。
> 和他说话不必思索，
> 态度不必矜持。
> 抬起头来说笑，
> 低下头去弄水，

任你深思也好，

微讴也好，

驴背上，山门下，

偶一个回头望时，

总是活泼泼地，

笑嘻嘻地。

是的，孩子是可爱的。

有一个周末，他们去图书馆做好事，结束以后，他们轮番用婴儿的、老者的、男性的、女性的声音给我打电话聊天儿。

他们用南腔北调的声音逗我："请问你贷款吗？"

我说："不贷。"

"哦，谢谢。"

我忍不住笑了。我当时并没有听出都是谁的声音，我只听见他们热闹得像一群喳喳叫的小鸟儿。他们说："老师，没什么事儿，就是想问候您，逗您开心。"

厚道、善良、真诚、欢乐、调皮，这是他们在课堂外对自己的培养，也是对我的激发。做老师的最高境界，是引领孩子做自己的老师，而不是好为人师。

还有一事值得一记。今天的画像，是茹丹帮我带回家的。她把画像给我的时候说："老师，有一个问题我不太清楚，榕麟她为什么把落款日期写成 8 月 16 日啊？"

我定睛一看，呃，就是啊，8 月 16 日，呵呵。

我笑了，说："可能是笔误，咱不用管，让她将错就错吧！也或许，错版的作品更有价值。长大后，她看到这一幅画像，一定会笑。"

我与茹丹相视一笑，时光似乎更加美好。

## 33.
## 我们给孩子的，是快乐吗

▶ 2019年4月17日　星期三

今天，气温继续升高，最高已过30摄氏度，但早晚温差大，最低才10摄氏度左右。我穿了红黑撞色小立领外套，榕麟为我画了第90幅画像，梓妍画的是第78幅。

梓妍画完，又看了一遍我的衣服，很是吃惊，说："呀，杨老师，我把你的衣服画成翻领了！"

我笑："没事儿啊，意思到了就好。"

今天讲了一套题。阅读题是孩子们最害怕的。我告诉他们，阅读不是难事，只是我们缺乏一颗安定的心，多读文本就好了，无非是"七读三会"：一读主旨，二读语言，三读结构，四读选材，五读写法，六读修辞，七读情感；一会概括，二会描述，三会说理。

然后，我们就具体的文段进行练习。

有一道题，分值是3分，我提问男男，男男只答了6个字。不能用完整的话来答题几乎是孩子们的通病，我讲了无数遍，孩子们还是不能将之用于实践，那我就不再讲。冷处理或许更好。我的原则是：减少无效劳动。

男男这样答题，我该怎么办？当然是以生动的语言和夸张的表情来警醒孩子们。

我走到男男跟前，拿起他的小页儿，故作惊讶地说："我男男野心大啊，6个字想拿3分啊！"

极少的字与不算小的分值，形成鲜明对比，这是有喜剧效果的。哈哈哈，大家笑，男男也笑。

我说："男男的思路是对的，但表达太欠缺。"

男男很高兴。永远不要忘记指出孩子的长项，也不要忽略他的短板，这有利于帮助孩子建设自己、提升自己。

这是一堂课的高潮，也算我教学工作中的一个精彩瞬间，梓妍记住了、画下了，我的精彩就定格了。

男男是开心的。放学他在玉兰树下看见我，我没有看见他，他欢快地叫我一声："老师！"

我看着他的时候，他笑了一下，露出满口的金属牙套，天真又可爱。真好啊！他以前看见我，都是出于礼貌，一本正经地问好，现在这样愉快的问候，分明是在表达对我的亲近与信任。

榕麟画的是我在批评雯涵。我说："雯涵，你连自己都找不到了。"

这一次，榕麟画完像，却把笔给了我，她说："我们来个好玩的，你自己写字吧！"

我一头雾水："写什么？"

"就写你说雯涵的那句话。"榕麟笑。

我提笔刚写完"雯涵"两个字，榕麟就说："大了。"

我定睛一看，可不，后面不够写了，只好把字缩小，可还是不够写。只能用省略号了。每天见榕麟和梓妍写写画画，感觉挺好看；今天亲自参与，更知道审美情趣的重要性了。我在心里对两个女孩儿又多了一层敬意。

我接着前文写。

雯涵是个大眼睛的单眼皮女孩儿，爱笑；这个学期进步很大，今早默写100分。这给她带来成就感，也令她兴奋，上课的时候，她前后左右地说话，不好好学习。"响鼓还需重锤敲"，我决定批评她，于是就说了那句话。

雯涵静下来了。下课，她从我身边走过，我意味深长地拉了一下她的胳膊。她不好意思地笑笑。这意味着我们依旧彼此懂得、彼此信任。我有一个习惯，批评过孩子后会再次沟通，我不想让孩子心里存委屈，也不想让他们对我有不满。总之，我不想让孩子的消极情绪留存。亲其师，信其道。对学生不能没有批评，但不能止于批评。总有些巧合，让我们相信美好。放学路上，我遇见雯涵，我们并肩走了一段路，相逢一笑，内心敞亮。

放学路上，我还偶遇了二班的小胡同学。时间过得太快，我不教他们班语文已经两个月了，但二班的孩子见到我还是很热情。小胡同学今天给了我意外惊喜。他以前见到我都是礼节性地说一声"老师好"，然后匆匆走开，今天他却打开了话匣子。

他说："老师，告诉你一个好消息，我800米跑了小组第一名。其实我没有实力得第一名，一个小组有3个人，他们俩都比我跑得快，我脱了鞋子都追不上。但他俩在互相谦让，我一心往前跑，就冲到了第一。体育老师给我竖了大拇指，说'不错'，这是他第一次说我不错。"

我笑起来："哦，也就是说，他俩跑步时分了神儿，你捡了个漏儿。"

他说:"是的。"

哈哈,原来他想要跟我分享他的成就感,一种从未有过的成就感。他个子非常小,凭实力是跑不了第一的;但机缘巧合,他拿了第一,也因此对体育有了空前的热情。

他突然停下来,从书包里翻出语文作业本。我以为他要问我问题,就等着他。

然而,我想多了。他打开其中一页给我看。那是他创作的小诗,他的新任语文老师幸运星老师点评道:"写得真好。"

我读了读他的诗,为他点赞。他肉嘟嘟的小脸上有一层浮灰,估计是上体育课弄的,但这掩盖不住他的开心。走到一家超市门口,我与他分手,他回家,我进超市买东西。

在超市,偶遇一位老朋友。她的女儿在读八年级。她拉着我站在超市门口聊起了孩子。

我必须承认,她是一位特别尽心的妈妈,她唯恐女儿落后,一天到晚都在催促与命令。

"快,写作业!"

"赶紧吃饭,吃完饭写作业!"

"你这么慢,什么时候才能把成绩提上来?"

我们聊了近一小时,她那美丽的容颜,始终没有舒展过;她的眉头紧锁着,仿佛生了锈,一直没有打开。

她抓住我的手,焦虑无比,说:"杨老师,孩子这都八年级下学期了,明年要是连高中都考不上,可怎么办!"

我提醒她道:"如果你只关注孩子的考试成绩,而不关心她的精神成长;如果你总命令和要求,而不给她心灵的愉悦,那么就不仅不能帮她考上高中,而且会促使她离高中的大门越来越远。"

她说:"杨老师,我急啊!"

我说:"急没有用,反而添乱。你要拎得清。我们不仅要善于鼓励孩子,还要善于鼓励自己,今天的孩子如果优于昨天,哪怕只有一厘米;今天的大人,急脾气的次数如果少于昨天,哪怕只有一次——我们都要肯定和鼓励,给孩子,也给我们自己。这是我们快乐的源泉。"

她笑着说:"杨老师,我心里舒畅多了。"

"那就好。"我握握她的手。

希望她的心越来越舒畅,也希望我们都能带给孩子快乐——不管是表扬还是批评,都可以从快乐出发。快乐是一种情绪,快乐也是一种情感,快乐还是一种情怀、一种智慧。快乐的人,积极的人,才愿意创造更好的生活。

18日和19日期中考试,我们仨不在同一考场,本周的"画中话"到此就结束了。让我们以愉快的心情,期待下一周吧!感谢陪伴,午安!

## 34.
## 孩子，你一定要成为你自己

▶ 2019年4月22日　星期一

周一，细雨绵绵，气温为15～18摄氏度，暮春时节气温依然这样低，是往年不曾有的。今年的整个春天，气温很不稳定，以低温居多。春捂秋冻，我穿了藏蓝色荷叶袖外套。榕麟为我画了第91幅画像，梓妍画的是第79幅。

今天是世界地球日，全世界共有一个地球，共有一个家园。可是，在自己的家园里，今天却是孩子们最没有安全感的日子，他们忐忑不安，惶恐不已，坐卧不宁。

因为，期中考试的成绩出来了。

今天要知道自己的"梁山座次"了。考试成绩永远是"青山不老，绿水长流"，绝对不会消失，只是不再公开宣布而已。

考试从来都是"几家欢乐几家愁"。现在信息发达，昨天有一些积极的孩子及家长已经在网上查到了分数以及班级、年级排名。

早在昨天上午，就有孩子吞吞吐吐地给我打电话说："老师，我明天去上学，你可不要打我呀……我考得超级差……"

下午又有家长给我发信息："杨老师，孩子的成绩怎么一直都上不去呢？真不知咋引导，我费尽了心思。"

我回复道："我们慢慢来，要持之以恒，静待花开。"

对方说："花开如果不正当时，没开就凋敝了。"

我回复道："相信孩子，相信爱的力量。有不少孩子成长的过程比较慢。咱家孩子有点儿得过且过、不踏实。但我还是感觉他比以前懂事一些。"

对方说："这类孩子真是气人累人。孩子太懒，思想和行为太难纠正。有小聪明，无大智慧。"

她看不见孩子的成长，我便没有再回复，再说也是徒劳无益的。

我决定，今天评讲卷子时，不过多地在分数上论高低，更不会发脾气、说狠话。孩子是活生生的人，不是考试机器，不该因为一次期中考试的分数就给他们下定论。

今晨，我早早到了学校。我比以往任何一天都到得早。

我要和一个孩子谈心。

这个孩子，是一个"学霸"。

这次考试，她写了一篇极其出色的作文。阅卷老师是教研组组长洁老师。洁老师赞不绝口："写得太好了，我都写不出这样的句子！字体漂亮，文笔又好，太棒了！"

洁老师给了一个最高分，然后用手机拍下了这篇作文，发到我们的教研群，与大家共享。

眼尖的幸运星老师读过之后说:"这篇文章,我有似曾相识的感觉。"

她去百度搜索,立马出现了一篇相似度90%的文章!

原来是套作,甚至已接近背作。

怎么办?

教研组的老师们经过商量,一致认为,虽然是套作,但整体还是下了功夫的。不能打击孩子的信心,既然已给了高分,就不再更改,大家都留意,看看是哪个班的,由任课老师跟这位考生私下聊一聊套作的危害性,这事就算过去了。我深切地佩服我的同事们,他们考虑的是怎样尊重孩子,而不是如何惩罚孩子。尊重比惩罚好太多了!

我意外发现,这位考生,就是我的学生!

于是,今早,我为这个孩子而早来。

我悄悄把她叫到办公室,把考场作文的事告诉她。

孩子瞪大眼睛看着我,说:"老师,我课外班的老师就是这样教的啊!她教写作,都是给我们一篇范文,让我们改改就行了。比如,如果她给的范文写的是墙壁,我们就改为窗子;如果她给的范文是读了王维的诗,我们就改为读孟浩然的诗……"

我的脑海里,闪现出她这次作文的第一句话:"夕阳一寸一寸地爬上了玻璃……"幸运星老师搜索到的句子是:"夕阳一寸一寸地爬上了墙壁……"

我一下子明白了问题的症结。

在期中考试前,这个孩子写了一篇文章,是赞美东晋才女谢道韫的,细节描写、情感表达、布局谋篇,都无懈可击、堪称完美。我让她在写作点评课上宣读了这篇美文,并准备将此文收进我的新书里,帮孩子留存一份美好的回忆。我甚至想,在她80岁的时候,从我的书里读到自己13岁写的作文,该有多快乐啊!

我写书是认真的、严谨的。我自己对谢道韫的了解还没有一个孩子多,我不敢草率行事，于是上网查阅谢道韫的资料。

我惊呆了！孩子的作文跟网上的某一篇，一字不差！

我生气了！这个孩子太过分了，抄袭作文，还敢面不改色心不跳地在大庭广众之下宣读！

我并没有揭穿她。快要期中考试了，我不想影响孩子的情绪。我计划的是期中考试后找她好好谈谈。

不曾想，她的考场作文也与网络美文雷同！而这雷同，竟然是老师教的！孩子根本不知道这是个错误！

我认真回忆，她上初中以来的每一篇作文都文采飞扬。我从没有怀疑过她的写作能力。我相信每一个生命本身都是奇迹，我为有这样的学生而自豪。

孩子上的课外班，是知名的在线课程，执教人是一位名师，很多人慕名而来，她共有学生2000多人！写作时，这2000多人都套写、改写着同一篇文章，说着一样的谎言——"我手写我心"的个性化作文，被2000多个孩子共性式展出！

我原以为孩子偷懒抄袭，没想到有幕后操纵者。孩子是无辜的受害者，操纵他们的，是利欲熏心的大人——这种所谓的名师，不是在培养人，而是在写作的流水线上生产考试机器。他们绑架了孩子的思想，禁锢了孩子的思维，使孩子的心与手隔着十万八千里。他们为的只是拿到丰厚的课酬！他们这样教孩子套作、背作，的确是有短期效果的。家长们一向认为，作文是最头疼的题目，孩子上了这样的辅导班，作文有模有样了。最明显的好处就是：孩子考出好成绩了。家长们自然是高兴的，只要能提高分数，为孩子花多少补课费也都是心甘情愿的。可是，他们可能做梦都没有想到，这是对孩子写作能力的扼杀！

我跟这个孩子说："对不起，我以前错怪你了。我以为你偷懒抄袭，没想到有人在这样教你！孩子，你有没有想过，你活在别人的世界里，说着别人的话，你变成了补习班的 1/2000！孩子，再也不能这样写作文，你要成为你自己！"

孩子一脸迷惘，可怜巴巴地望着我，说："可是，老师，我从小学三年级就这样写作文，已经形成思维定式，我出不来了呀！"

我抱住她的肩，说："孩子，不要怕，你才上七年级，离初中毕业还有两年多的时间。写作能力对你的一生都有影响，你一定要成为 100% 的自己，而不是 1/2000 的别人。从今天起，你每天写点儿文字，就写你所经历的最真实的生活。可叙述，可议论，可抒情。有时间就多写点儿，没时间就少写点儿，我给你批改。相信我，我一定能教会你写属于自己的个性化生活！"

孩子脸上的愁云消散了。上课的时候，她的情绪也很稳定。

所有的事故都可能是故事，所有的问题都可能是课题。我因这个孩子而决定：每周增加两次微写作、小随笔或小感悟，一二百字，不求辞藻华丽、场面恢宏，但求忠实于自己的生活，忠实于自己的心。

世界浮躁，我更需要安定自己的内心。我以平和的语气评讲试卷，孩子们也积极回应，课堂气氛很热烈。

烁儿穿着橘黄色外套，坐在第一排，非常积极，全无平时的顽皮。

我说："烁儿有进步！我查了一下他上学期期中、期末考试和本次考试的成绩，他一直在进步。他居然和天明考了一样的分。和他俩分数相同的，还有魏哥、磊磊，你们是'四大天王'啊！"

大家都笑了。天明笑得最有深意。谁都知道我这话的言外之意。天明，尊姓徐，人称"徐老师"，本为"学霸"，后来走了下坡路，被"皮皇"烁儿赶了个齐头并进，他的内心应该是有万马奔腾的吧？

哈哈，还好，还好，天明知道我没有贬损他的意思，下课来约我周五放学一起看电影，他已经约了 20 多位同学了，他说："老师，跟我们一起吧，咱组团，有意思！"

我答应他，如果没有特殊情况，我周五就跟他们去看电影。天明很高兴。

晚上，天明用他爸爸的微信问我问题，有探索精神，有绅士风度。他以前可不是这样的，他以前是浮躁而草率的。我相信，他很快就要进步了。诸君信不信？信或不信，都敬请跟踪阅读后续日志。我保证，好看。谢谢。22：57，晚安。

第五辑

芬芳如你,

我心似霓

## 35. 书香，让心灵更芬芳

▶ 2019年4月23日　星期二

　　杨花榆荚无才思，惟解漫天作雪飞。今天是一个柳絮飘飞的晴朗日子，却又与往日不同，因为，它是世界读书日。

　　对于以书为伴的人来说，今天是个盛大的节日。我身着崭新的粉蓝、明黄、原白撞色拼接连帽针织衫，配黑色绣花休闲裤，早早来到了学校。

　　同事说："哇，杨老师，今天衣服的颜色很亮哦！"

　　我说："读书日呀！"

　　榕麟和梓妍都喜欢我裤子上的绣花。她们为我画了全身像。她们很久没有为我画全身像了，我早就发现，她俩一般都画半身像，我穿新衣给她们画，买的上衣居多，裤子和裙子也是省了一些钱的。今天，榕麟为我画的是第92幅画像，梓妍画的是第 80 幅。她们俩都记得我的某条裤腿上有绣花，可是，她们一个画在了左腿，一个画在了右腿。到底绣花在哪条裤腿上，这不重要，逗诸君一笑才重要。

梓妍把我画成了一只圆润可爱的猫老师。今天是世界读书日，我正在手舞足蹈地庆祝呢！

榕麟画的是我讲的一个笑话。我们今天学习《陋室铭》和《爱莲说》，用了一个早读，90% 的人背会了。但是，他们不一定会默写。于是，我抽出一些易错字给孩子们听写，有 4 个孩子被请到黑板上写。写到"襄"的时候，诗乔一下子卡壳了。她想了一会儿，写了一个"衮"字。

哈哈哈，同学们欢乐地笑起来。

"不是衮，不是衮……"小伙伴们叽叽喳喳地说。

看来诗乔把"衮"和"襄"混淆了，也不足为奇，二者算形近字。我顺势写了另一个形近字"兖"。孩子们不认识这个字。

我告诉孩子们这个字的读音，又做了课程预告："你们很快就要学到杜甫的《望岳》，那首诗就是他 24 岁到兖州省亲时所作。他的父亲杜闲时任兖州司马。"

接着，我讲了一个笑话："有一年，我的一个朋友去山东兖州开会，行前她给家人打电话说要去山东'衮州'，诶，不对，是'充州'！诶，还不对……最终，她家人也不知道她到底去了什么州。"

哈哈哈，孩子们笑啊笑啊笑哈哈。榕麟画的就是这个场景。她把"兖"注了拼音"gǔn"，并加粗，然后把拼音划掉，意为这个读音是错误的。这自然带来了喜剧效果。

今天是世界读书日，那么我就写两个跟读书有关的人吧。

第一个人是正气哥。他是一个"学困生"，稳坐全班倒数第一的位次，从未上升过。

昨天，他跟我说："老师，我虽然名次没变，但我成绩提高了呀！我上次 48

153

分，这次56分，我进步了。"

我说："我也发现了！并且，这一次的题比上一次难，祝贺你哦，正气哥！"

他抿嘴一笑，甚是快乐。

今天早读，孩子们背诵《陋室铭》和《爱莲说》。我和5位课代表分头检查背诵。规则是：一遍流畅背过，加3分；两遍背过，不加分。我的目的是练专注度。

我分管9人，其中有正气哥。孩子们排着队逐人背给我听。轮到正气哥，他才背了两句就卡壳了。我还没说话，他已经自觉退到队伍最后，专心致志地准备第二次背诵。孩子的纯真，总令人动容。

正气哥第二次背的时候，还是结结巴巴的，但完整背下来了。

我跟全体同学说："孩子们，跟大家商量个事儿，我想给正气哥加3分，虽然他不是一遍过，但他好认真，他的学习态度远远不止3分。给他加分，你们同意吗？"

"同意！"雷鸣般的掌声响起来了！

正气哥脸上泛着红晕，发着光，世界读书日这一天，他过得很有意义哦！

下课，诗乔悄悄跟我说："杨老师，幸亏你给正气哥加分，他一般都得负分，你如果不给他加分，他基本就没有加分的机会。"

我附在诗乔耳边说："以后，我们都多留心他的表现，有进步，哪怕是很微小的进步，就加分。我们要不断地给他加分，要通过加分来建立他的存在感和成就感。但是，教育是春风化雨、润物细无声的，咱们要不动声色地做。"

诗乔意会，点头。就这样，我和诗乔有了一个共同的秘密。

被加了分的正气哥表现得更好了。他的座位是单人单桌，下课后，我坐在他旁边的空位上休息，他见我来，赶紧把他放在桌子上的文具袋和作业本收起来，给我让座。

他打开他的画本送到我面前，说："老师，您看，这是我画的！"

我认真地看过，告诉他："好看！"

他笑了，没有声音，但有快乐。

我告诉他，今早背书，他是第一批完成的，超过了 20% 的同学。他笑得更开心了。

关于背诵，还有一个"老大难"——辉仔。他本来是琪琪分管的，可他到第二节课的课间仍不会背，我想帮琪琪减轻负担，就约辉仔大课间在办公室背给我听。

第三节课下课，辉仔如约而至。

我的办公室在四楼，辉仔又是一个"小肉球"，一定是为了第一时间赶到办公室，他没有坐电梯，一路跑上楼。他爬楼的速度太快了，到了办公室，他不断地喘着粗气。我请他坐下来歇一歇再背。

他稍微休息一下，舒了一口气，就笔直地站起来背给我听。

"草木水陆之花……诶，不对，不对！水陆草木之花……自李唐来，世人甚爱杜鹃……呃，不对，不对！世人甚爱 dù 丹……"

他一本正经地把"牡"认成了"杜"。我和同事庆老师、玮老师忍不住笑起来。我给他纠正了读音，他矫正了好几次，一丝不苟。

他表情严肃，双目微闭，念念有词。仿佛除了背诵，全世界都跟他无关。为了这整整 200 个字，他使出了浑身的力气。

断断续续，反反复复，终于背完。我依例也给他加了 3 分的态度分。

他谢过，离开办公室。

"真可爱啊！"我们 3 位老师异口同声地说。

我告诉另外两位伙伴："这是我第一次单独面对这孩子。我以前只知道他是个'学困生'，也只是做到不伤害他、保护他，但我从来没有亲近他，从来没有了解他的长处和短板。看来教育就必须面向个体，每天花一个课间去亲近一个孩子，我们对学生的了解就会更多。"

庆老师说:"的确如此!我们要把每一个学生当作独立而完整的个体来对待。"

玮老师说:"杨老师,你用的'亲近'这个词,击中了我!"

读书,教书,与书为伴,这使得我们遇事时都乐意追寻与探讨;这使得我们在任何时候都能够尊重孩子,亲近孩子,保护孩子的尊严。在今天这样特殊的日子里,我们的感慨更深。似乎在世界读书日这一天,师者的心灵,亦因书香而更加芬芳。

23:58,世界读书日还剩两分钟,然而,读书永不结束。晚安。

## 36.
## 孩子的问题，
## 也是大人的问题

▶ 2019年4月24日　星期三

每个星期三都是我一周中最累的日子：早读，连堂课，改默写本，改作业，检查默写的订正，备课……一天下来，几乎没法抬头。

越忙累，就越要给自己打气加油！所以，今天我要"潮"一把，穿了一身蓝色系：宝蓝色开衫外套，粉蓝色长袖衫，蓝色贴布牛仔裤。这样穿，真的减龄，感觉自己非常热爱生活。榕麟为我画了第93幅画像，梓妍画的是第81幅。

今天继续学习《陋室铭》和《爱莲说》。早读背诵并默写。我惊喜地发现，昨天特别关注的辉仔默写全对，正气哥也只忘记了写作者的名字。这两篇小短文，易错字还是比较多的，他俩能达到这个程度，也算不易。我以前不喜欢让学生背书给我听，我觉得只会背不会写没有什么用。那时我让孩子们在早读课上自主背诵，我只检查默写，现在看来，只有背诵和默写齐抓共管，才能更加靠近孩子、了解孩子。我必须俯下身子，一点点地贴近学生，与学生一个个地交流、碰撞；我必须每一天都仔细观察，认真思考，不断求索。

这学期很短，已经过去两个月，还有两个月，我明显感觉孩子在长大。这不是以考试成绩来论的，而是以人的内心收获、精神成长来论的。这次期中考试，孩子们的成绩并不好。我先从自身找原因：在读和写的培育中，我偏重于写，读的能力培养过少；我与学生个体的交流不够深入；我太过温和，基本没有采用过批评与惩罚措施——这两项措施虽然不能常用，但也不能完全不用。我要正视教学中所遇见的所有问题，要正视成长中所面临的所有考验。每一个问题，都暗含一个或多个契机。村上春树说："正因为不能称心如意，人世才有意思。"孩子跟跟跄跄成长，我跌跌撞撞陪伴，或许这也令我有更多新的体验与感受。所有的精彩，都有波折。经历得越多，生命越丰富。我愿意，把更多的时间与精力用来追寻，用来分析，用来思考，用来解决问题。

成长与成绩，并不互相排斥，而是相辅相成的。成绩也是成长中的一部分。我不排斥好分数，但我反对只关注分数，我反对忽略孩子作为"人"的那一面。"十年树木，百年树人"，"树人"需要"慢"。在这个"慢"的过程中，我可能会比较艰难，但我必须有坚定的信念：我的眼里，我的心中，要自始至终都有"人"——全部的人，个体的人。我首先要保护学生和自己生命中鲜活、灵动、敏锐、温暖的部分，保护他们独特而鲜明的个性；其次才关注考试，科学的复习方法、良好的学习状态、和谐的学习氛围是保证好成绩的三大法宝。我并不奢望孩子在一瞬间长大懂事，我需要的是坚持与等待。

我常常收到一些同行或学生家长的来信，逐一列出的，都是孩子的问题：不交作业，上课睡觉、说话，凡事消极……

他们问："杨老师，我该怎么办？"

我忍不住叹息。教育从来不是一蹴而就的，教育是一个曲折而美好的过程。如果所有问题都是孩子的问题，那孩子就真的比窦娥还冤。大人在试图改变孩子的时候，先尝试从自身找问题、找方法，这才是正确的。只看现象，不看本质；只看问题，不想办法；只怨孩子，不思己过——这些都是教育的怪象，不是教育的本质。

内心笃定，课堂就能产生智慧、情怀和趣味。今天的课堂上，讲到"鸿儒"的"鸿"是"大"的意思的时候，我拿课代表诗鸿的名字来解析，我说："诗鸿，就是'诗大'的意思。为什么他叫'诗鸿'而不叫'诗大'呢？'鸿'这个字比'大'这个字雅呀！取名也是一种文化，爸爸妈妈给他取这个名字，就是希望他饱读诗书，成为学问渊博的人。"

语文，只有和生活连在一起，语用功能才能发挥出来。梓妍画出了这一幕，她把我画得很快乐。她笔下的诗鸿，是个沉默的乖小孩儿。梓妍画的只是他的背影，其实他是脸上含笑的，他的大眼睛、长睫毛，忽闪忽闪，甚是欢乐。

讲到"予独爱莲之出淤泥而不染"中的"独"，我说："独，是'单单'的意思……"

"丹丹？哈哈哈！"

把"单单"与"丹丹"联系在一起，我不得不承认，孩子是自由而有趣的。恰好我有一个问题要提问，就顺势说："那丹丹来回答吧！"

哈哈哈，大家都笑起来。榕麟画的就是这个场景。在她笔下，我也是快乐的。

我会为提高孩子的成绩而努力，但我不希望课堂上只有干巴巴的考点和工整精细的答题技巧。我还要捍卫课堂生活化、生活课堂化。仅看考试成绩，不是真正的教育；完全不看考试成绩，也不是真正的教育。当学习变成人的愿望与习惯，当人的个性得以发展，当人的精神风貌得以优化，教育才算如愿。

23：08，写到这儿吧，晚安。

## 37.

## 教育的目的不是"教"，是"解"

▶ 2019年4月25日　星期四

　　今天，又是一个低温天。最低气温才10摄氏度，网上有言："南方是四季如春，郑州是春如四季。"

　　有同事虽穿了羽绒服，但还是说："冷啊！"我穿了紫色外套，内配黑色连帽卫衣，早晨出门上班时才发现少穿了一条秋裤。因为昨晚受了凉，早晨吃药耽误了一点儿时间，而我又有早到的习惯，所以就没有回去穿秋裤，到校后多喝热水，这一天也就扛过来了。榕麟为我画了第94幅画像，梓妍画的是第82幅画像。

我的课在第二节，第一节课改作业。有的孩子作业不合格，下课后逐一交流，并责成重写。呵呵，做错作业的人里，就有昨天进步了的辉仔。这就是成长的本来面目，有进步，有退步，改了又有反复。理解与包容，是师者该有的操守。相信孩子，相信成长，一年年，一天天，每天都是新的，每天都是挑战。

今天学陈子昂的《登幽州台歌》。这首小诗中，孩子们最喜欢的是"念天地之悠悠，独怆然而涕下"，我受到感染，也发表了一段感慨："与浩渺广阔的天地宇宙相比，个人的生命何其渺小，何其短促！陈子昂运用了对比手法，把个人与宇宙放在一起，画面感很强，更加突出自己怀才不遇的孤独、悲伤与忧愤。"

梓妍大概充分调动了想象力，也记住了这个场景，把它画了下来。

忽然，我发现在热烈的课堂气氛中，有一点儿不和谐：奕晗姐姐趴在桌上呼呼大睡！

奕晗姐姐已经不是第一次在我的课堂上睡着了。

我轻轻叫一声："奕晗姐姐！"呵呵，榕麟把"晗"写成了同音字"涵"。

她睡得似熟非熟，我一叫她就醒了。可见她也不敢睡，只是控制不住自己。我没有批评她，只说："你第三节大课间去办公室找我一下，咱俩私聊。"

她点点头，也有了精神。这次期中考试，她的成绩大幅下降，并且不止一次在课堂上睡着。我想这其中是有缘由的，我得了解。

大课间，她如约而至。因为办公室有其他老师，我拉着她的手走到走廊上。她懒懒地斜靠在墙上，我纠正了她的站姿。

我问她："奕晗姐姐，你这是怎么了呢？每天都萎靡不振。"

她轻轻皱眉："我也不知道……我每天晚上都是9点半就睡觉，可早晨三四点就醒了，也并不清醒，想睡，睡不着，就只能在床上翻来覆去，折腾到五六点就该起床了。白天一上课就困。我在别的课堂上也是这样。我也不想睡，可是，

控制不住自己。"

哈哈哈，她不想睡，我猜对了！晚上9点半上床睡觉，可见作业负担并不重，可是，一定有干扰，使得孩子夜不能寐。我得慢慢追寻探索。

我怜惜地看着她："是发生了什么事儿吗？"

她说："可能是因为六七月要艺术考级……我上个星期去老师那里上课，老师说，我这次要跳级考……"

我问："你学的什么特长呢？现在几级，要考几级？"

她的精神似乎放松了一些，说话也流畅了："我学的是笛子。现在是7级，要考9级。老师说，时间紧，评委又管得特别严、标准特别高，可能这给我带来了压力，也带来了困扰，弄得我学习也没学好，吹笛子也没吹好，睡觉也没睡好。"

孩子是个明白人啊！她既会思考，又会分析，还会表达，好棒哦！我想起她也曾在语文课上金句频出，我又想起之前与同事静老师聊天儿时她说的"教育就是聊天儿"，果真如此啊！只要我们花时间与孩子聊天儿，教育就一定有进展。

我说："孩子，你分析得很到位，赞！原来你是找不到时间的边界，又心有忧虑，把学习与睡眠混杂到一起，导致文化课、艺术课、休息时间都没把握好。从今天起，调整自己，摒除杂念，把时间模块化，重新规划，该休息就休息，该学习就学习，该吹笛子就吹笛子。今天是星期四，先调整几天，因'五一'放假调休，周日也上课，到那时咱俩再聊，可好？"

奕晗姐姐笑了，说："好的，老师，谢谢老师！"

她走后，我陷入沉思。作为老师，我做得太少了。我只是每天兢兢业业地备课、上课、改作业，对每个个体的关注远远不够。我教这孩子快一年了，却不知道她的特长，不懂得她的困惑。我跟每个孩子的"私聊"都远远不够。我把自己孤立地理解为一位普普通通的任课老师，我以为，自己不是班主任，每天教好课就行。其实，教育更多的不是"教"，而是"聊"。"聊"，才能了解、理解——教育与成长，最终需要的是"解"。了解孩子，理解孩子，解开疑惑，解散心结，解放心灵。

我也为自己感到庆幸。在走向孩子心灵的路上，我已经起步了！加油，亲爱的自己。

25日，因身体不适，一天只吃了一顿饭，夜晚趴在床上写这篇日志，迷迷糊糊睡着了。26日，4：21醒来，已恢复健康，哈哈哈，我又是一条"汉子"！原来，休息是极好的治病方法。5：32写完此篇，早安！

## 38.
## 孩子喜欢的，是爱他们的人

▶ 2019年4月27日　星期六

4月26日，星期五，气温比星期四还低。我穿了白底绿格短款呢外套。这件外套2018年12月就买了，一直没有机会穿，昨日才"首秀"。说来有趣，我当初之所以很迫切地买下它，仅是因为第一眼就看中了它的喇叭袖。这是一件夹克，下摆与袖口都是松紧带收口的——可是，它在收了袖口之后，又往前延伸出了一个小小的喇叭，这样就别致了，就不再是常规的夹克了。我喜欢得很，就毫不犹豫地买下来。但紧接着天就冷了，到穿羽绒服的时候了。今年的天气，变幻莫测，脱了羽绒服，就迎来了2019年的暖春时节。这件衣服，就被雪藏在衣柜里了。可是，阴差阳错，已是暮春时节的4月26日，气温又降低到了早春时的水平，不仅要穿毛呢外套，还要穿秋裤。

到了学校，同事好奇地问我："穿得这么漂亮，是要去干什么呀？"

"上班啊！"呵呵，他们大概没有发现，我每一天都穿得整洁漂亮。每一天的我，与世界相处的方式，都是慎重而亲近的。

我来上班的时候，走到东门口，榕麟和师彤已经站在旁边等门卫师傅开门了。我没有看见她们，只顾低头走路。

榕麟在我身后轻轻叫一声："杨老师！"

我听出是她的声音，转过身，找到她们，一步跳过去，开心地说："我穿新衣服了，喇叭袖！"

榕麟笑眯眯地把我上下打量了一遍，点点头，说："嗯，我记住了！你让小龙虾再看看。"

她说的"小龙虾"指的是梓妍。她们互相的称呼很有意思，梓妍对榕麟的称呼是她的笔名"言沫"，榕麟则叫梓妍的外号"小龙虾"。我也听过梓妍说："我是'小龙虾'哦！"同学们也都这样叫她们。呵呵，只要心怀善意，怎么高兴就怎么叫呗！

走到教室，我又到梓妍身边，请她看我的衣服。上午放学，收到榕麟为我画的第 95 幅画像，梓妍画的是第 83 幅。

我的课在第一节。抽签背美文抽到了怀恩。是的，他的名字很有意义，怀恩，即心怀感恩。他的父母教子有方，他待人接物都彬彬有礼，很有绅士风度，似乎对整个世界心怀感恩。

他是数学课代表，对数字与图形特别敏感，对语文呢，他上学期就跟我说："老师，我的语文在小学的时候就差。"

我听出来他的言外之意："老师，我从小学开始就不爱语文。"

我告诉他："小学语文差不代表初中也差，没有人是被注定的。"

他忽闪着一双大眼睛看着我，说："哦！"

他的眼睛大，但眼神迷惘。我知道，他只是尊重我的看法，并不是对自己有信心。

我懂他，所以常常给他鼓励，他渐渐地靠近语文，愿意学了。

这一次，抽签抽到他背美文，他背得断断续续，还时不时地摇动右手："嗯……唔……蓝蓝的天空……"

他越来越手足无措。我判断，一是因为他有点儿紧张，二是因为他真的背得不熟。

我需要给他找个台阶。我也摇动右手，说："怀恩，你为什么这样，招财猫吗？"

哈哈哈，小伙伴们笑起来，怀恩也笑。

榕麟画下了这一幕。她是多么调皮呢！她给我画了虚拟的招财猫的耳朵和尾巴，给怀恩的头上画了几滴汗水。

我接着说："从怀恩的表现来看，他是准备了的，但准备得不够充分，课下也背了，但比较草率，得过且过……"

怀恩点头。

我说："先坐下吧，下课找我重新背。其实啊，怀恩这次好棒棒哦，他进步了！原来语文考试他都是不及格的，这次已经接近良好水平。"梓妍画下了这一幕，留下了这个瞬间。

被爱的人格外有力量。怀恩整堂课都上得专心。下课他稍微复习，就流畅自然地给我背了美文，及时弥补了缺漏之处。孩子的眼睛是雪亮的，他们喜欢的，是爱他们的人。

爱每一个孩子，是老师的天职。

我需要对孩子进行跟踪关怀。

下课，我找到奕晗姐姐："你今天课堂上状态好得很，昨晚睡得还好吧？"

她说："还是三四点就醒了，但我采取措施了，我打开音箱，听了催眠曲，听着听着就又睡着了。"

我有点儿激动,有点儿幸福!老师的责任,就是帮助孩子找到属于他们自己的生活方式。

我又找了几个孩子。他们的作业不合格,我询问原因,与他们商量对策,责成修改订正。

我们今天只上午上课,下午开家长会。写得慢的孩子,作业在学校改不完,我不想让他们继续拖延,就和他们约定回家改完,拍成图片,通过微信发给我。

孩子传过来的作业,我认真检查、点评,直至全对。我留言道:"这次全对啦,恭喜恭喜!"

孩子回复道:"谢谢老师!"

我隔着屏幕都能感觉到孩子的欢喜,还有对我的喜欢。

我要与时俱进,在这个"微时代",充分利用微博、微信,开拓出师生课外交流的新路径,我的爱不仅要撒播在教室里,也要撒播在网络上。

下午开家长会。天明他们约我去看《复仇者联盟4:终局之战》,我去不了,对他们表示了抱歉与遗憾。但其实也不遗憾,我留在教室里,跟他们的爸爸妈妈谈一谈爱的教育,或许比陪孩子们看电影更好,毕竟,家长朋友多半不是专业的教育工作者,我们一起交流、碰撞,更有利于家校共育。

我跟家长朋友聊的,是我25日写的"五解":了解孩子,理解孩子,解开疑惑,解散心结,解放心灵。

家长朋友给了我热烈的掌声,给了我强有力的鼓励。我暗下决心,一定要探索出更多更好的方法。两个月后,还要再开家长会,到那时我得有新的话题呀!

我走出教室,几个班干部围上来,问我:"老师,你讲的什么呀?有没有点名批评我们?"

我笑:"怎么会!我当然要保护你们和爸爸妈妈的尊严与信心咯!放心吧,

孩子们，我说的话全是对你们有利的！"

孩子们欢呼雀跃说："老师，谢谢您，我们会变得更好！"

我愉快地离开了学校。路上，我跟自己说："只有爱，巧妙的爱，才能培养真正的人！也只有爱，才能得到孩子的喜欢。奔跑吧，亲爱的自己！"

回到家，收到一位家长朋友的微信，她说："杨老师，孩子学习差，别放弃他呀！"

我回复道："我永远不会放弃任何一个孩子。我们一起想办法吧。"

26日星期五，晚上给自己放了一个假，早早休息，没有写"画中话"。今天是27日星期六，午饭后睡了一个比西瓜都饱满的午觉，醒来后写作。此时是17:40，我从文字里抬起头，窗外是连绵的细雨和清凉的风。今天比昨天还冷。查了一下空气质量，良。只要空气质量过硬，冷一点儿也没关系呀！傍晚安。

## 39.

### 如果，他是慢的孩子

▶ 2019年4月28日　星期日

今天又是一个清冷的晚春日，也是一个需要上班的周日。"五一"假期调休，这一周是工作3天休息4天，所以，不分工作日与休息日，该上班就上班。

因为有盼头，所以很早就到了学校。我穿的是肩膀绣花的酒红色外套，榕麟为我画了第96幅画像，梓妍画的是第84幅。这件衣服以前穿过，榕麟没有画绣花，我猜，她是为了避免我的衣服与以前的重复；榕麟不喜欢重复，创新是她的特点。梓妍画了绣花，精细写实描画是梓妍的特点。如果说榕麟是浪漫主义情怀，那么梓妍就是现实主义风格，两人各有千秋。

课堂上的第一个环节是点评昨天的作业"微写作"。题目是这样的：

反复阅读刘禹锡的《陋室铭》、周敦颐的《爱莲说》、陈子昂的《登幽州台歌》、杜甫的《望岳》，请你化身为这四大家中的一个，用第一人称，写200字与所学诗（文）相关的内容，可叙述、可议论、可描写，文体不限。

今天批改作业，发现有孩子写：

大家好，我叫刘禹锡，生于公元772年，卒于公元842年……

我上课点评时说："你们是神仙吗，知道自己什么时候死的？"

榕麟大概觉得我说的好玩儿，就把这一幕画下来了。很显然，这样写的孩子，理解与表达慢了一点儿，但他们是认真的。我自然不应该去批评，而应该给他们温暖，允许他们犯错。

忽然我发现，烁儿在说话！按照班规，烁儿要被扣牌。我点了他的名字。

然后我问："烁儿，你还有牌吗？"

经常被扣牌的孩子，大多自律性比较弱。烁儿是这群孩子中的一个。我常常替他们担心，唯恐他们的牌被扣完了。按班规，欠牌10张，就要回家反省。所以点完烁儿的名字，我又关切地问他是否还有牌。

烁儿说："刚好还有最后一张。"

哈哈哈，大家笑起来。梓妍就画了我追问的那一幕。

早读前，班主任光叔安排课代表收作业，烁儿最慢，慢慢地检查每一个人的作业——光叔要求，课代表收作业时要查一查写完了没有，但光叔并没有要求查质量，作业质量由任课老师在批改时把关。可烁儿总是认真的，他检查得很仔细，但别人都在读书，烁儿在查作业，所以他给人的感觉是很磨蹭的。一向雷厉风行的光叔看不下去了，就批评了他两句。

我上课时他说话,也是"慢"造成的。别人都已经进入新的环节了,他却停留在原地絮絮叨叨。

我忽然想起,前几天做课堂笔记,别人都写两句了,烁儿还没写一句,我批评他,他很委屈地嘟囔:"老师,我没有跟上啊!"

哦,烁儿,他是慢一点儿的孩子。

放学,我和光叔聊"烁儿现象"。我们俩一致认为,烁儿虽然还有这样那样的缺点和问题,但我们不后悔当初提携他当课代表。课代表意味着责任。他当课代表之前,是需要我挽着胳膊上课的;他当课代表之后,只是偶尔顽皮,整体来看,是有进步的。

每一个班上,都有不少慢的孩子。这多多少少给教学带来拖沓与停顿。

那么,如果他是慢的孩子,我就需要调整自己的节奏,放慢脚步,耐心等待,温情陪伴。春天的花尚且不能在同一天开放,成长中的孩子也自然不会完全步调一致。罗素说:"参差多态是幸福之源。"每一个孩子都有自己的特点,如何协调成长中的快与慢,这是个课题。

我想,这要平时多下功夫。对于慢的孩子,应多给予具体的交流与碰撞、安抚与鼓励;对他们的课堂表现、作业情况、爱好特长、家庭结构、家人关系、父母理念、亲密朋友、同学关系、性格形成,都要有所了解、有所思考,从而对他们的后续改善有实质性的帮助。

牵着蜗牛去散步,乃教育的境界。孩子慢,不是坏事。慢的孩子,成长的细节、遇到的波折更为明显和突出,我们恰好能够从中看到更多成长的原理及秘密,探索更多的教育方式及爱的途径。教育是无限广阔的世界,孩子是鲜活生动的生命个体。存在即合理,快的孩子给我们带来动力,慢的孩子给我们带来耐力。

如果,他是慢的孩子,我以同样的"慢"来爱他就好了。极有可能的是,慢的孩子被爱过后,会一点点地快起来。

更重要的是，他或慢或快，我都在原地，随时以他需要的节奏，给予他理解、陪伴和爱。教育，急不得！孩子，我们慢慢来。

22：39，写到这儿吧，晚安。

## 40.
## 这一天，百感交集

▶ 2019年4月29日　星期一

今天，是一个晴朗的周一，我想耍个酷，就穿了一身黑。另外，我昨晚冒着雨去美发店换了个发型，剪了个时下流行的"狗啃式"刘海。榕麟为我画了第97幅画像，梓妍画的是第85幅。

周一的工作还是比较忙的。我的课是第二节，第一节要一刻不停地改作业。

哈哈哈，我忍俊不禁啊！

超凡哥太有意思了！

还记得我24日写的"单单"与"丹丹"吗？超凡哥昨晚的作业就把"单单"写成了"丹丹"！这个错误在我意料之外，却又令我无比温暖。他把我们课堂上发生的故事记得多清楚啊，只是感觉出了错而已。话说，这个学期，超凡哥

... 173

是有进步的,他爱问问题,上课也很积极,虽然时常出错,但出错是孩子的权利啊!

我是在教室里改完作业的。一是我偷懒,不喜欢在教学楼和办公楼之间来回跑;二是我在教室改完作业,可以在课间与孩子交流。所以,我总在教室里见缝插针地找地方改作业。

正气哥的旁边有一个空座。我经常坐在那儿改作业。

我有一个缺点:总忘带红笔。

孩子们便热情地借笔给我用。这段时间,我借过好几个同学的红笔。通过对比,我发现正气哥的红笔最好用。我把这个感觉告诉了正气哥,他很开心,每天一见我来,就赶紧递红笔给我用。

可是,今天,他没有来。他受惩罚了。班规中有一条:欠10张牌就请家长将学生带回家反省,之前的"相欠"就一笔勾销,积分重新开始。

回家反省,看似有点儿"残酷",但对于"欠账大户"来说,真不失为一个好办法,一方面,教育孩子敬畏成长,给他时间静思己过、调整自我;另一方面,卸掉所有负担,重新开始,就意味着赋予他新的动力与勇气、生机与希望。当然,毕竟是送孩子回家,执行起来还要考虑周全,比如,联络当事人家长,争取配合与支持;再如,做好学生本人的安抚工作。所以,光叔耐心地等到正气哥欠了29张牌的时候,才于昨天下午把家长请了过来。

正气哥知道自己今天的"命运",昨天放学时收拾了全部书本文具,把它们带回家。今早我坐在他旁边的座位上,感觉很空旷。没有了他的陪伴,我也似乎多了一份孤独。

改完作业,我站起身,离开座位,蓦然回首——我清清楚楚地看见,正气哥的抽屉里,干干净净,一片纸屑都没有,但是,空荡整洁的抽屉里,赫然放着那支我常用的红笔!

孩子不够好,他需要回家反省,他甚至可能要被家长教训,可是,他走的时候，虽已自身难保，但还考虑到了我的需要，为我留下了这支笔！

我的眼泪，奔涌而出。

我悄悄离开了教室，走到楼下，遇见了两个年轻的同事。我把这件事跟同事分享。讲着讲着，我的眼泪就又流了下来。我的同事也被正气哥感动，陪着我哭。

第二节就是我的课。我把我的感想讲给孩子们听："我一边被正气哥感动得哭，一边被超凡哥逗得直不起腰来……哦，对了，我被正气哥感动到哭的时候，还有两个年轻老师陪着我哭，她们就和我一起在那里哭。"

榕麟和梓妍画的都是这一幕。

我怎么觉得，榕麟画我的"狗啃式"新发型的时候，把我画得像一只又萌又乖的小狗？

我偷偷跟榕麟说了自己的想法。

榕麟说："嗯，有点儿像。养狗的人，长着长着就会有点儿像狗狗，狗狗长着长着就有点儿像人了，不信你回家好好看看你养的狗，互相喜欢、互相影响嘛！"

哈哈哈，榕麟说的是有道理的。以前只知道男女之间有"夫妻相"，今天终于明白，人与狗相处久了也有"人狗相"。

我带着愉快的心情走上讲台，开始第二节的课。不知怎的，今天十分反常，总有人小声说话。我很生气，严肃地批评了3组同学并扣牌。有两个女生很不开心，下课后，其中一个哭了，另一个脸色铁青，眼泪在眼眶里打转儿，忍着没有流下泪来。

放学我做善后交流的时候，也很不顺利。我只好先搁置下来。

回到办公室闷坐了许久，午饭也吃得很少。我再一次感受到，在所有教育方式中，批评与惩罚是最不好用的。

我重新调整自己，下午的大课间，再次做善后交流。我的心态平和了，问

题就得到了解决。

在放学路上，我碰见了鲁豫姐姐和茹丹。我想起家里还有10来个油桃，想要分给她们俩吃，于是就约她们一起走。今天被批评的人里就有鲁豫姐姐哦！但这不影响我们俩的感情，她大大方方地认了错，我依然如故地爱着她。

刘大哥迈着大长腿，两三步就跟上来了。

我这才知道，刘大哥跟鲁豫姐姐住在一个小区，也是我的邻居呢。

很惭愧，我对孩子们的家庭住址与家庭情况了解得太少了。而这些，都是很重要的教育资源。

之前，我和很多任课老师一样，把自己定位在课堂上，以为我好好上课就够了，又不是班主任，不用操心太多。其实远远不够。"功夫在诗外"，课堂上的好状态，有赖于课堂外的积累与准备。对孩子了解得越多，与孩子交流得越多，对学情的把握也就越精准，教学就越有针对性。

我要转变自己之前的狭隘思维，在课堂以外多下功夫。在课外贴近学生的心，在课内才会驾轻就熟、如鱼得水。

我跟几个孩子边走边聊。走到我家小区门口，我请他们等我一下，我回家拿油桃。在刘大哥出现之前，我遇到茹丹和鲁豫姐姐，突发奇想要送她们油桃。这"半路杀出个刘大哥"，我有点儿意外，不过没关系，桃不够，瓜来凑，我又找了点儿黄瓜和点心凑成3份，送给他们。礼轻情意重，自己心里还是蛮高兴的。

夜晚在家里静坐，回顾这一天，有感动，有欢笑，有生气，也有郁闷，情感很丰富。教室是生产故事的地方，看似平凡的一天，也过得跌宕起伏、百感交集。也正是这样，一天又一天，一年又一年，培养出了一个完整而充实的自己，安定了一颗爱孩子的心。谢谢。

## 41.

## 4月已远走，
## 但我们得把春天留住

▶ 2019年5月1日　星期三

　　昨天，4月30日，一个晴朗的星期二。我穿了宝蓝色外套，内配土黄色连帽卫衣。这是我最喜欢的一套衣服，穿着减龄哦！榕麟为我画了第98幅画像，梓妍画的是第86幅。

　　早读，默写5首古诗。我第一节没课，抓紧一切时间批改，不然就批改不完，第二节课的课堂上就无法点评。点评默写是孩子们非常期待的环节，因为默写满分要加分呀！像这一次，5首全对加3分，相当于写了一篇优秀作文呢！第一节一下课就有几个孩子来翻看我批改的本子。他们想早一点儿知道自己有没有加分、加多少分。

我读完了满分名单，孩子们眼含疑惑，意犹未尽：怎么没有鲁豫姐姐的名字呢？鲁豫姐姐为人好，心很细，字体又漂亮，之前的默写次次满分，她是全班唯一连续12次不错1个字的同学，对于好多小伙伴来说，简直是神一样的存在。可不要小看这连续12次默写全对，这需要定力。一个不小心，一点儿笔误，就会出错。连烨子这样的"学神"都没有做到呢！

我看出了孩子们眼里的疑问，就说："这一次，鲁豫姐姐破了开学以来一直全对的纪录，第一次不全对……"

榕麟和梓妍同时关注了这个环节，画了下来，梓妍不小心把"纪录"写成了"记录"。她们把我画得祥和而从容，真感动。我原不知道，一个老师最好的姿态是什么样的，她们用画笔告诉了我。

鲁豫姐姐从"神仙国度"来到了"凡间"，但她依然是那个了不起的国民小姐姐。下课，她认真仔细地订正了自己的错字，拿给我检查。她很坦诚地说："两个错字，一个是笔误，一个是本来就写错了。"

我对古诗文默写抓得很仔细，批改过后，逐人逐字再过关。有的孩子可粗心了，订正还会出错，所以我愿意亲力亲为，从订正中发现孩子的学习态度和学习品质，跟孩子交流碰撞。一个上午，也就做这一件事。

有几个人给我惊喜。

第一个是正气哥。前一天同学们背诵这5首诗的时候，他在家反省没来上学，而这次默写他一次就过关！

我表扬他，他说："我昨天在家背了。"

我珍藏了他29日留给我的那支红笔，又买了两支同款笔送给他，我的意思是：他对我的好，我愿意加倍偿还他。他懂我的意思，收下了。

他不看我，只拿眼睛看着桌面，微微地笑着说："我从上小学开始，就不与老师交流，您是第一个。您给我们上第一节课的时候，我就感觉到了，您跟别人都不一样。前几天我妈妈来开家长会，她说您表扬我进步了！老师，我什么都知道，只是我不说。"

我赶紧转过身逃掉了。我又被他感动得要哭了！

我走到刘大哥跟前，他是多么欣喜呢！这个错别字大王，终于得了上初中以来第二个默写满分！很久以前，他也得过一次。两次满分之间的距离，远到足以让我想不起上一次是在什么时候，只模模糊糊记得有过那么一次。

他说："老师，我昨晚回家背了好几遍呀！"

我知道这是为什么。

因为前一天我送给了他一点点小礼物。这对于他来说，是大礼物。他是数学"学霸"、语文"学弱"，但我并没有因此对他有任何成见，反而把他与鲁豫姐姐、茹丹这两个语文"学霸"一样对待。我送给他们的礼物是一样的。我能从时光的罅隙中发现他哪怕一点点的闪光，也从不要求他的语文成绩与数学成绩齐头并进，我跟他说过的所有的话，不戳他的痛处，而是闲话家常，或者说他的优势，比如：

"呀，你比我高这么多！你的个子有一米八了吧？"

"你的字好漂亮，练过的吧？"

"你很有担当，不愧为大班长！"

在弱势学科面前，他没有压力，反而很有价值，他一定会越来越愿意学习这门课。

这是我最近一段时间慢慢悟出来的。上一次考试，他的数学成绩是全班前几名，语文成绩却倒着数。我不轻不重地对他说："大班长，你数学那么好，语文可有点儿差，强势落分啊！要努力学好语文哦。"

他低眉顺眼，频频点头，但我看见他的脸上掠过了一丝阴影。我立即感觉自己说话不恰当，从此再没说过他语文差。我们培养学生，是培养他们学习的积极主动性，不是让他们感觉自己有多差。

下课，任哥来找我："老师，我来领罪了，我知道我错很多。"

我和他一起找到他的默写本。他认真看了看自己的错字，去订正了。

前两天跟光叔聊到了任哥。这个"金句王"，也是"错别字大王"。我正想着要帮助他呢，人家先行一步来找我了。这就好了！哗，哗，伸出我仅有的两个大拇指，为任哥点赞。

这一次，常兴君是全班唯一要全部重新默写的娃。我点评默写的时候，说的最后一句话是："今天的默写，整体情况很棒，只有一个倒霉蛋儿常兴君，他需要重新默写。"

我笑着去看他。我没有批评他的意思，只评说现象。但是，我看见常兴君在一刹那收起了他的笑容。他的表情有点儿尴尬。

常兴君是一个爱笑的孩子。教室里、走廊上、马路边，不管什么时候我看见他，他都是笑眯眯的。挺拔修长的少年，就像一棵白杨健康生长着。

课下他也喜欢跟我交流。我们上下学走的是同一条路，他看见我就必然赶来一起走。

有一次，我在讲台上候课。他来找我，说："杨老师，您很久以前有一个学生，姓是复姓，姓什么来着？我给忘了……他让我代他问您好。"

我这么多年教的复姓学生并不多，一下子就想到了2009届的端木。

我问常兴君是不是这个姓。

常兴君说："对对对，端木！我家是开饭店的，他来我家吃饭，就聊起来。他听说我是您的学生，就托我给您带个好儿！"

我是多么幸福呢！学生与学生，即便隔了整整10年，也能在我不知道的时候，互相托付着转达对我的问候。

我谢了常兴君，也托他再见端木时替我带个好儿。

"好的，好的！"常兴君非常乐意。常兴君充当我与端木之间的纽带时，我与常兴君的感情也深厚了一层。

可是，这一次我又说错话了。评说默写不过关现象时，我不该点名。以后一定会记住。

好在，常兴君是懂我的。他只是那一刻有点儿不自在。

又一节课下课，他跑到我跟前，说："杨老师，我先去个洗手间哈，马上就回来默写！"

他回来后，很快重新默写完并交给我，我批改后让他把错字订正。他做得很认真，我表扬了他。他笑了，还是之前的那棵小白杨。真好，谢谢孩子没有计较我的不妥，谢谢4月的最后一天给我带来的反思。

慢慢地，我想明白了一些道理。一是从微观上表扬。表扬孩子，越细致越好，比如，他上课时的眼神很明亮，他作业的排版很得体，他握笔的姿势很好看，他写字的神情很专注，他笑起来的样子很帅气……老师观察得越细，孩子得到的鼓励就越深刻。二是从宏观上批评。当众只谈现象，不具体到个人，个人问题宜私聊。说问题时先肯定孩子的态度或潜力，再谈他存在的问题，避免直接用"差""真差"这一类比较直白生硬的字眼，如果必须谈他目前的学习程度，可以用网络流行语"有点儿low（不好）哦！""孩子你长点儿心吧！"这样的话，幽默而不生硬，容易为学生所接受——这不是讨好学生，这是老师的高情商，也是教育艺术。这样做，师生都能把日子过得四季如春、蓬蓬勃勃。

中午，收到一位家长朋友的微信语音。她的女儿很优秀，但她只抓成绩，忽视非智力因素的发展。母女俩都个性强，发生了不愉快。我听得出，她在尽量控制自己的情绪，但依然能听出她对孩子的怒气。

我回复道："孩子现在到了逆反期，多交流，多鼓励，从正面影响。孩子的性格比成绩更重要。接下来的八年级更是一个性格叛逆期，朋友，万万急不得。家长需要从自己做起，平和心态。不要焦虑，要有终局意识，从长远计。不是常说'性格即命运'吗？建议后续把培养孩子的性格放在与成绩同等重要的位置。您是一位特别用心、特别努力的妈妈，但一定要注意亲子的相处方式，一定稳定双方情绪，不能硬碰硬。忠言逆耳，不当之处多多包涵！"

她回复道："谢谢杨老师的相劝，我会尽力平和自己的脾气。"

做家长也是要不断学习的。家长放下管教孩子的架子，精心营造出美好的家庭氛围，那家庭教育也就成功了，家庭也就幸福了。希望这位朋友能意识到这一点。

下午，跟一位"95后"北京小美女电话交流，计划是20分钟，结果聊了70分钟，小姑娘太能挖我的教育故事了。后生可畏，后生可敬，跟年轻人交流，能让我永远保持工作的热情与动力。老歌里唱道："革命人永远是年轻。"想想就觉得美啊！

晚上，没有写日志，和好朋友杜医生一家出去喝茶，聊的还是那个问题：教育之道，不在于硬碰硬，而在于温和、柔软而坚定。一个家庭，每个人都好好说话，倾心交流，家庭氛围自然就会四季如春。4月走了，但我们要想方设法把春天留住。

今天是"五一"劳动节，上午在家炖乌鸡汤。中午12点整，一分钟不多一分钟不少，我拿到了《我是老师，也是永远的孩子1》的出版合同。一个美好的日子，一件有意义的事情，一个饱满的时辰，让我根本停不下来，"五一"劳动节也要写作哦！是的，我愿意。好吧，我是自己的劳动模范！跟自己握手，为自己点赞；也与天下所有的劳动者握手，为天下所有的劳动者点赞。

天色渐渐暗下来了，就写到这儿吧！坐了一天了，用朱自清先生的话说，我该下楼"舒活舒活筋骨，抖擞抖擞精神"啦！19：49，晚安，劳动节快乐！

## 42.

## 走向孩子的心灵，就是走向诗和远方

▶ 2019年5月5日　星期日

今天是星期日，因为"五一"假期调休，今天也成了5月的第一个工作日。

天气晴转阴，大风起兮云飞扬，柳絮纷纷飘落，落到脸上，很痒；钻进鼻孔，不爽。按时令算，明日立夏，今天就是春天的最后一天咯！天儿并不像往年那样火热。今年的这个春天，气温变化不定，春天也似乎被拉长了。我穿了红黑撞色休闲套装，内搭红色卫衣，榕麟为我画了第99幅画像，梓妍画的是第87幅。

第一节就是语文课，学纪昀的《河中石兽》。之前放了4天假，有些孩子明显没有收心，他们没准儿还在想着4天的假期里那些好吃的、好玩儿的、好笑的呢，课堂上，东张西望者有之，我行我素者有之。我不能再枯守着讲台，我走下去，走到孩子们中间。

孩子们慢慢找到了上课的状态。

当我走到阿泰小哥哥的身边，忍不住笑起来。这个面相、个头儿都还像小学生的男生，天真得很呢！看见我走过来，他"咔嘭"一下子，双臂一抱，脊背倍儿直，忽闪着一双比星星还亮的眼睛看着我。

我说："我阿泰哥一看到我过来，坐得可直了，笔记都忘了记了。"

哈哈哈，与他隔了一个走道的愿儿笑起来。愿儿是个非著名歌唱家，不仅歌唱得好，笑声也响亮。

愿儿的笑，提醒了阿泰。阿泰小脸儿红扑扑的，赶紧拿笔做笔记。

梓妍画的就是这一幕，这次她又写错了一个字。不过她画得多么细心呢，大到黄色的课桌、人的位置，小到我的衣服的拉链环，都画得栩栩如生。

今天俊宇也让我感动。他以前上语文课就是混日子，今天挺用心，笔记也做得井井有条。很神奇，有时候，成长就在一瞬间。前几天的假期里，我还想到了俊宇，计划着从今天开始，对他这样不爱学习的孩子进行更细致周到的观察与交流。他似乎感觉到了我的特别关心，表现得非常积极。真好，谢谢孩子。教育可不是一件容易的事，我不能拘泥于以前的经验与技巧，而应既持之以恒，又大胆尝试。这是一个新课题。

上完课，我说："今天所学的内容偏重于科学道理，我这个人呢，从小就不讲'理'，一遇见带'理'字的学科就傻，比如，我的物理、地理都很差。很抱歉，我讲课从不讲'理'，关于这篇文章，如果你还有关于事物的道理与规律的知识没搞懂，我也帮不了，水平有限，多多包涵。你可以问光叔，他是物理老师，能给你讲得清楚明白，还会教你举一反三。你问了他，搞懂了以后，再来给我讲讲。我愿意给你当学生。"

榕麟画的就是此情此景。她给我加了黄色的光芒与气场，把"理"字加上了引号,又特意把"不讲理"3个字写一遍,以示幽默与强调。给我画像,她总本能地护着我,生怕别人误解了我、看轻了我,所以要用光环、引号、重复书写、放大字体等方法来突出强调,难为她了。弟子不必不如师,我知道自己的知识缺陷;青出于蓝而胜于蓝,我也希望学生能超过我,反过来给我当老师。

我不讲"理",但也愿意讲"理"。当然,这两个"理"的意思不同,前者是科学道理,后者是人的成长的脉络纹理。

课代表跟我反映,有的同学的预习作业敷衍塞责,比如,我们要求作者简介与写作背景不少于150字,他们写不够这个字数,就打马虎眼,想蒙混过关。

课代表们提出,让小伙伴们把作者简介与写作背景写在方格稿纸上,方便他们根据字数来检查与督促。

我持不同意见。

我说:"一个叫朱永新的教育家说过,生活中99%的对立是因为沟通不畅。我们不要只想着以检查与督促的方式来促进同学们学习,要信任他们,跟他们讲明道理,让他们发自内心地认识到预习的好处。别急,咱慢慢来。"

我抽查了一部分人的预习笔记,的确不认真。

我以前跟孩子们谈过预习的重要性与必要性,看来并没有起到什么作用。明天呢,再次跟孩子们谈谈心,依旧聊一聊预习的必要性与重要性。学生不明事理,老师就得不厌其烦地去引导与启发。预习是一个充满了好奇与乐趣的过程。通过预习可提前预知,给自己心里铺底;不少于150字的作者简介与写作背景,有助于更多更好地了解作者,言为心声,了解作者有利于学习课文;预习还能生出疑问,带着问题学习。相反,如果不认真对待预习,就等于打一场无准备之仗。凡事走在时间前面,比被时间追赶要好得多。

教育,重在唤醒、启迪与鼓励,但它也有教化功能。必要的道理还是要讲的。当然,不能端着大架子,不能言之凿凿又空洞无物,要接地气儿,要深入孩子的心灵,说的话、讲的理要为他们所喜闻乐见。留心处处皆学问,我还得随时抓住契机，将其转化为教育的本领与艺术，一步步走向孩子的心灵。对于教育来说，走向孩子的心灵，就是走向诗和远方。

沿途有很多风景，这一路，慢慢走，慢慢享受爱与幸福。

据说，长期熬夜会透支身体，也会把人变笨，那就写到这儿吧。22：10，道一声，晚安。

温馨预告：明天是个大日子，敬请期待！

## 43.

## 当幸福成为习惯

▶ 2019年5月6日　星期一

今日立夏。夏天就这样悄无声息地来了，可气温依然不高，早晨上班还要穿外套。

今天是个特别的日子，榕麟为我画像达100幅！我大着胆子穿了纯粉色卫衣，搭配蓝色外套。我对这场师生缘分感激不尽，却又无以回报，唯有把我最宝贵的少年感和赤子心送给她们。是学生，把我变成了永远的少年。

我们是多么欢喜啊！榕麟画了满幅的少女心，还有感谢与祝福！是的，我们无比感谢一路走来给予我们支持、给予我们陪伴的你们。谢谢，谢谢！

我清楚地记得，她给我画第1幅画像时，说要给我画1000幅。我说，画100幅我就幸福至极了呀！现在真的到了100幅，我忽然发现，幸福竟然已成习惯！

我迫切地问榕麟有什么感受，她想了1秒，说了两个字：真好！

梓妍今天画的是第88幅。她画的是我们忭欢欣鼓舞的场面，她热烈祝贺榕麟率先画出第100幅画像，同时致谢亲爱的朋友们。我们已经算好了，到22日，梓妍也会画到第100幅，到那时，我们还要庆祝。梓妍说，每个在校日都画，到了双休日不画，总觉得自己有什么事情没做完。画我，也已经成为她的习惯。

中午放学，我们仨买了一个蛋糕庆祝榕麟的成果。我们要的数字蜡烛是100，导购小姐问我们："是100岁吗？"

我们坚定地说："100天，也终将100岁！"

不，一定不止100岁！最终会有这么一天，我们都离开这个世界，但"画中话"会替我们活着，不止100岁、200岁……

这是特别的一天，也是平常的一天。我还要面对琐碎的工作。

今天要背诵《河中石兽》。"五一"假期以前已经有孩子会背了，今天继续背诵。文章不长，有249个字，前后段又有相通点。我守在教室里整整一天，教给他们理解记忆法、联想记忆法、规律记忆法，可最终还是有7个孩子背不出来。归根到底，是没有触及孩子的兴趣点与学习动力啊！

太阳已经落山，鸟儿已经归林，孩子们也要回家，可他们还是背不出。我只能给他们延长一个晚上的时间，今晚回家背给家长听，明天我再验收。我从来不喜欢让孩子给家长背，但我得约束他们，以免他们一回到家就忘记了今天背书这茬事儿。我明天再次督查，是想从中发现问题，寻找解决问题的方法。

孩子不能如我所愿，我只能从自己这一方想办法。一味责怪孩子没有用，他们能这样拖延，自然不害怕大人的责怪。但是，孩子，请允许我不罢不休！陪伴你们好好学习这件事，我"死扛"到底！明天继续，等你们哦！

可能有朋友会问：杨老师，为了这几个孩子，为了这249个字，你从早到晚耗费了整整一天，烦不烦，累不累，沮丧不沮丧？

坦白说，自然是烦、累、沮丧的。我的付出，都打了水漂，自然是心有不悦的。

还好，我有我的情绪调节器。

我的情绪调节器在超市。超市不卖情绪调节器，但我自己能找到。

超市里，有活蹦乱跳的活鱼鲜虾，有翠绿欲滴的蔬菜，有明艳动人的水果；有米面的香，有豆子的甜，有洗发水的扑鼻清香；有拥挤的人群，有喧闹的人声。行走其中，我的坏情绪，都被这热气腾腾的人间烟火一点点蒸发掉。甩甩头发，笑一笑，我还是那个"学生虐我千万遍，我待学生如初恋"的杨老师。重整旗鼓，明日再战！

其实呢，我的学生中不乏"牛人"，不信，请看小伙伴笔下的他们——

"七一"班人才济济，"牛人"众多，但在我看来，最牛的属这3位。

"牛人"一号，小马哥。这位是我的同桌。和他坐同桌之后，我惊奇地发现，他在英语课上几乎一直都是趴着的。我觉得吧，他肯定没听课。可在第一场考试之后，我懵了。他成绩很好！这是什么操作？！还有一次是在课上，一个特别难的句子需要翻译，已经有好几位同学回答不出站着了，老师就点了趴着上课的小马哥。我瞬间觉得：又完一个！小马哥却不慌不忙地将句子翻译了出来，并顺利接住了老师后面的三连追问。我惊呆了！服，服啊！我服了他的智商与脑子转速了，真的牛啊！

"牛人"二号，梓亦。回想当初军训时，无比无聊的我们几个（梓亦除外）把目光集中于一只虫子身上。太过无聊的时候，看看虫子也算很好的乐趣了，而梓亦，第一眼看到虫子，就推开我们。我们还处于惊讶之时，她就已经走远了。后来我们才知道，她怕虫子。梓亦所到之处，再无寸虫。我也是服了！

"牛人"三号，烁儿。烁烁，是班里有名的"皮皇"，经常皮到让人无话可说。但我觉得他牛的地方不是皮，而是他的变化能力。像他这样的学生，皮已成为习惯，所以一定很难变化。可当上语文课代表后，他虽然嘴上不说，却一直记着杨老师对他的付出与期望，一直都记着。因此，他的语文成绩，竟以每次很大幅度的趋势上升并保持着。而且他在我和琪琪办板报时正经起来，说的好多话对我们大有益处。烁烁是位实打实的牛人啊，我服！

这就是"'七一'牛人"，个个牛得要"上天"。

（作者：诗乔）

"七一"班是一个神秘的学习组织，各个成员都有自己的特点，其中不乏"牛人"，下面请听我细细道来。

"女中豪杰"茹丹

"啊，啊——"尖锐的女高音从"七一"班教室传出，还伴随着男生的哀号。这似曾相识的画面，这如此熟悉的声音！那么，来认识一下我们的"大女主"，她就是"七一"班无人不知，无人不晓，让男生闻风丧胆,让女生甘拜下风的女侠,茹丹神掌的新一代掌门人——茹丹!

茹丹神掌的威力可不容小觑,足以让男生个个叫"姐"。有了此等法力的她,自然是无限风光的。她的战绩往往在男生的背上。火气小时,三个为一组,一组就能打到你怀疑人生。火气大的话,怕是接连几天你看到她都得躲着走。这不,一场好戏又开始了。一个发作业的男生,把她的本子重重地摔在了桌子上,脸上露出胜利的微笑。接下来的事,正如往常一样,一个尖叫着打人,一个哀号着被打。这个故事告诉我们一个道理:永远不要惹女人,尤其是茹丹!

"暴躁老姐"佩奇

传说在"七一"班有一种神奇的生物,她有时安静,有时愤怒,她的名字叫佩奇。

小姑娘个子小小的,长得很文静,不过"人不可貌相,海水不可斗量",在她面前,你要小心自己的一举一动,一不留神,你就惹到她了。

2019年4月某日,我们的老班长没事找事,找到正在写作业的佩奇,不停地扰乱她的思绪。要知道,平时的佩奇惹不起,写作业的时候惹她,那更会引来"杀身之祸"!

于是就发生了下面一幕:

"你烦我干什么?"

"我没有……"

啪!

"你还瞪我?!"

啪!

"呦吼,你还敢无视我?!"

啪！

一句话一巴掌，在旁边儿看着都疼。从那儿以后，谁问起"七一"班的那个小姑娘，同学们想到的第一句话就是：暴躁佩奇，'在线'怼人。

在"七一"班的每一天，都充满乐趣。正是因为有这么多"牛人"，学习生活才不显得枯燥无味。"七一"班全体同学，在往后的生活中，让我们共同进步、共同成长！

（作者：伊凡）

牛，本为一种动物的名称。现在，又被用来形容某人才能突出，超出一般。而我们班，至少有两个"牛人"。

第一个是我们的老班长，他长得人高马大，站在那儿，宛如一个巨人，身上还有健硕的肌肉，很有少林棍僧的气质。他的身体素质才牛呢，他的体育成绩绝对是全班第一，50米跑、1000米跑等样样满分，就连篮球也是全班最强的人。如果让我用一个字来形容他，就是"快"。他的"快"，不仅在体育方面，而且在他的方方面面，他办事风风火火，从不拖泥带水。在这个略显拖沓的班级里，实在是一股难能可贵的清流。

第二个牛人是成绩稳居班级、年级前茅的"学霸"。我觉得用"学霸"这个词来形容她都有些贬低她，应该说她是"学神"。因为她的成绩太优异了，班里至今没有一个人可以撼动她的宝座。她对学习的热爱，绝对是无人能比的。她上课从不开小差，自始至终都认真听讲，自习课永远在学习，就连她的同桌都被她感化、向她学习。她做笔记的便利贴比我的书都厚。不仅如此，她还写得一手好字，有位老师在改卷子时，看到她的字，赞叹不已，当场拍下来发到学校教研微信群进行分享。我从未在任何批评名单上看到她的名字,她是真真正正的"别人家的孩子",让老师笑逐颜开的好学生。

篇幅有限,只为大家介绍这两位"牛人",其实在我们班,这样的"牛人"还有很多,如果还想了解,欢迎来到我的班级,一定会让你大吃一惊。

(作者:任哥)

哈哈,这就是我和我的学生幸福的秘诀:凡事多看人的优势与强项,对人对己,都寄予厚望,充满期待,永不泄气,一往无前。

时间太快,又到了23:08,写到这儿吧,晚安。

第六辑

曲折如你,

我心细腻

## 44.
## 孩子都是"治愈系"

▶ 2019年5月7日　星期二

今天的气温并不高，13～21摄氏度，我穿了一件黑色休闲外套，袖子上有红白相间的"V"形图案。设计者很有匠心，稍微一个小点缀，就不显单调了。再加上粉色短卫衣，刚刚好。榕麟为我画了第101幅画像，梓妍画的是第89幅。

走在上班路上，心里还在思忖着如何解决昨天遗留的问题：该怎样处理那7个不会背《河中石兽》的孩子呢？坦白说，心里是忐忑不安的，感觉他们还是很难过关。

吃过早餐，经过教室走廊，到办公室取教科书，准备进教室上早读。

呼啦啦，孩子们围来："老师，我们来背书。"

那一刻，我心头所有的担心与忧虑都一哄而散，代之以满心的感动与欢喜。姑且不论孩子的背诵效果如何，单这诚恳的态度，足以消除我心头所有因他们而产生的不快。

我感觉自己是风中的一棵树，笔直，挺拔，精神焕发，神清气爽。

孩子们磕磕巴巴地背着，我认认真真地听着，一丝一毫都不敢含糊，唯恐错过了初夏的精彩。

孩子们背得并不好，可是，他们依然是这个早晨最美的风景。

10个手指伸出来都不一般长，孩子的成长自然会有差异。我又为这7个孩子中的6个花掉了整整一个上午。但我并不懊恼，听他们背书，是一件非常有趣的事：新语分析得头头是道，可就是背不出来；辉仔使出浑身解数，背出来仍有很多错误；常兴非常热情地反反复复——"老师，我背得不好，从头再来"；俊宇绅士风度，礼让三分；俊言着急时抓耳挠腮；朴衡努力时憨态可掬……无不深深打动我，让我心平气和。

朴衡是最后一个背的。

当他发现，那些一早和他一起排队等背书的小伙伴一个个散去，他惊慌失措道："哇，你们都背完了，就剩我一个了！"

他的眼睛明亮，嘴角翕动，可就是背不出来啊！然而，他努力的样子，足够扣人心弦。

我从细微之处给他具体的鼓励：

"真棒！这一句分辨得特别清楚！"

"不着急，最难背的已经过去了！"

"好，流畅，准确！"

他背得更仔细了。

诗乔是这7个人中唯一的女生。她是我的课代表，思维很敏捷，就是背东西慢。上午她生病请假，下午来校时我不在学校，她就给同桌茹丹背了。

任务完成，耶！

当我们理解了孩子的差异性，那些弱一点儿、慢一点儿的孩子，就不再是令我们心烦意乱、焦躁不安的心理负担，反而是可爱至极的天使。他们的一切错误，也都成了美丽的花朵。若我们不能理解并接纳孩子的差异性，那一定是因为爱得还不够。

昨天他们整整一天都背不出那249个字，我没有责备，而是化解与通融，给他们延长至今天。到了今天，我为自己感到庆幸，如果没有昨天的等待与宽容，就没有今天的惊喜与感动。每一朵花，都有自己的花期，强行催熟只会造成伤害。"教育需要等待"绝不是一句空话，落到实处，便会有意外收获。

这等待的过程，也是生长的过程。每一次靠近孩子，也都是靠近自己的心。与其说是我帮助了孩子，不如说是孩子治愈了我。

第一节没课，改作业。昨晚布置的作业是用蓝黑双色笔写《河中石兽》的原文和翻译。

今早班级调座位了，正气哥不再是单人单桌，他有了一个新同桌琪琪。可是，当他看到我准备改作业，便赶紧把红笔递给我。帮助我，已经是他的习惯。孩子的心里永远自带温暖。

我坐下来改作业。

改到怀恩的，我一下子笑倒了。

他用的是黑红双色笔。他知道自己用红笔写作业是不妥当的，就在作业本上卡了一支蓝色笔，并留言道："请老师用蓝笔批改，我写作业时错用成红笔了。"

我从教33年，从来没有用蓝笔改过学生的作业，怀恩是第一个要求我这样做的孩子，他打破了我的职业纪录。我老老实实地听从了，不仅用蓝笔批改，还给他加了1分，因为他发现问题之后及时补救，并且附上了蓝色笔，我给他加的是诚意分。第二节课我在课堂上讲了这件事。榕麟和梓妍画的都是这个场景。榕麟还皮了一下，我说的"他还让我用蓝笔改"这句话，其他字都用黑笔写，只有"蓝"字用的是蓝笔。

怀恩和榕麟是一对新同桌，他们承包了整个早晨的欢乐。

第四节是美术课，刘老师教孩子们设计获奖证书。

我坐在教室后面听课。

我看见烁儿设计的是结婚证。他在一个自制的只有几页的小本子上工工整整地写下3个蓝色大字"结婚证"。

我问："这是给爸爸妈妈设计的吗？"

他摇头道："不，是给我自己设计的。"

我笑起来："小样儿，想得还挺远。"

他把结婚证涂成红色，一边涂一边说："老师，这个颜色让我想起了一个词——殷红。"

"殷红"是这学期才学的词，他用在这里恰到好处。

我说："既然是结婚证，那就得画上俩人的照片啊！"

烁儿一本正经地说："鉴于设计者尚未到适婚年龄，照片隐藏。"

我笑啊笑，孩子真的就是精灵啊！

人是容易受伤也容易伤人的生物，那么，跟孩子在一起，所有的伤，都会在瞬间被治愈。当然，能被孩子治愈的前提是，有时常被他们感动的能力。

23：09，愿所有人的所有伤，都在这个夜晚被治愈。晚安。

## 45. 微笑，是我们的标志

▶ 2019年5月8日 星期三

今天，是世界微笑日。国际红十字会在1948年确立了这个庆祝人类行为表情的节日，日期为每年的今天——5月8日。

已经感受到初夏的热了。我穿了一件浅绿色长袖衫，榕麟为我画了第102幅画像，梓妍画的是第90幅。

今天学古诗。检查预习的时候，愿儿没等我点名就跳起来，想像以往那样吧啦吧啦地发言。不只今日，他每次学新课都这样，预习做得好，发言也是最热烈的那一个。班上像他一样预习做得好的，还有7位，只是他们性格不同，每一次检查预习，愿儿、琪琪、鹏鹏都十分积极，以愿儿为最，其他几个小伙伴低调一些，老师提问了他们才说，不提问到自己，他们就金口不开。渐渐地，一到检查预习，愿儿就迫不及待地展示自己的成果。大家似乎也让着他，让他说个尽兴。他每次站起来都会长篇大论，滔滔不绝，所以提问式检查预习，几乎成了愿儿的独角戏。

我太钝感，直到昨天，才想到这个问题。一花独放不是春，愿儿积极展示虽是好事，但也遮住了其他人的光芒，挤占了小伙伴们的发言机会。

直接阻止他吗？不妥。积极的人不该被打击。更何况，愿儿最初是懒于写作业和做预习的。自从我某次表扬他预习做得好，他在预习上下的功夫就更大了。他的语文成绩也在层级式进步，我认为，预习做得好是个不可忽视的因素。那么，认真预习、积极发言是好事情，要大力弘扬才对，不可草率地减少他发言的机会。

我在心里想了个法子。

今天，我一宣布检查预习，愿儿便面含微笑一下子跳起来——是的，他是跳起来，不是站起来，又有了用武之地，他太兴奋了。同学们也含笑看他，等着听他引经据典、口若悬河。他手里的资料多，发言还是很有吸引力的。

他跳起来的时候，琪琪在安静而顽强地举手。

我跟愿儿商量："今天让琪琪先说，她没有说到的，你补充，好不好？"

"好！"愿儿开心地坐下了。

琪琪从容淡定地说完，愿儿补充，鹏鹏也发表了自己的见解。就这样，愿儿的"一言堂"变成了我想要的"群英会"。

不，这还不够。我还要让更多的人发光。我把茹丹、鲁豫、师彤、奕晗这些预习做得好的孩子的名字点出来，我说："很久以来，这4个女生在预习上都做得很好，大家可以翻阅她们的笔记，向她们学习。"

课代表诗乔说："杨老师，明洲的预习也做得很棒。"

课代表是有发言权的。我在课堂上检查预习之前，他们已经分组检查过，心里有数。

我听了诗乔的话，说："哦，那也应该向明洲学习。明洲也是爱学习的，最近有很明显的进步哦。"

明洲的嘴角上扬，牵起一丝微笑。

正气需要鼓励，好学应该褒奖，我说："我想给这些预习一直很不错的同学加一张牌。"

我再一次确认了这8位同学的名字。此时，他们的名字就是他们的荣誉，多念一次名字，就多强化一次他们的存在感与荣誉感，所以，我愿意不厌其烦地去念他们的名字。这或许耽误了一两分钟的讲课时间，但榜样的力量是无穷的，他们对小伙伴们的引领胜于我的说教。一个班级的发展，离不开正确的舆论导向。把孩子的学习之心说通，比传授知识本身管用。

我留意了一下，被我点名表扬的8个人里，最开心的是3位男生：愿儿，鹏鹏，明洲。

活泼开朗的愿儿，本就是"人来疯"，自然喜欢被表扬。鹏鹏是此次期中考试全班下降最快的那个，他正需要肯定。明洲是个热情似火的历史爱好者，一天到晚、分秒必争地读《中国通史》和历史人物传记。他历史学科的成绩超级好，其他学科的成绩则"溃不成军"，即便是靠历史学科最近的语文，其成绩也是不忍直视的。因为预习做得好，突然得牌，算得上意外之喜！

更可贵的是，他们并没有沉溺于喜悦，而是更加专注地上完了一节课。只见他们目光炯炯、专心致志，貌似已将刚刚得到的荣誉化为动力。

小伙伴们也挺羡慕他们。坚持好好地做任何一件事，都有可能带来丰厚的回报。梓妍画的就是这一环节。她把我画得多么欣喜啊！只是，我不太明白的是，为什么梓妍把我的浅绿色长袖衫画成了浅蓝色。不过，我衣服的纹理她画得还是很形象的。

我津津有味地讲课的时候，忽然发现小马哥在玩儿，不知他从哪里弄来几根小蜡烛，排列在课桌上，颇有求神拜佛的意味。

我双手合十，问他："小马哥，你在拜佛吗？"

哈哈哈，大家都笑起来。

小马哥也笑，他赶紧把小蜡烛收起来。

我想起来，"五一"假期以前，有一天放学，我与小马哥一起走了一段路，分析了他的学习状态：偏科严重，语文是最弱势的学科。我也表达了期待：好好学语文，争取进步。

他唯唯诺诺，频频点头。

这才过去不到10天，他又在课堂上有此表现。我没有穷追不舍。让一个不爱语文的学生愿意学语文，是不可以简单粗暴、一竿子插到底的。度德而处之，量力而行之，相时而动。教育，需要在对的时间，运用对的方法。心急吃不了热豆腐，成长，急不得。小马哥，我没有狠狠批评你，甚至没有多说一句话，是因为我相信，你会有爱上语文的那一天。榕麟画的我，双手合十，模仿小马哥。

我的脸上没有阴云，只有灿烂的微笑。世界微笑日，微笑是我的标志！

有位功夫明星说："微笑是最高武功。"以此类推，微笑，应该是整个教育事业永远的标志。

今天颈椎痛，趴在床上写完此文。21：06，晚安。

## 46.
## 当学生做了"假作业"

▶ 2019年5月9日　星期四

今天，进一步有初夏的炎热感觉了。太阳的光已经比较强烈。早晚依然有温差。早晨上班走得早，略有凉意，我穿了粉色长袖衫，黑色毛边牛仔外套。榕麟为我画了第 103 幅画像，梓妍画的是第 91 幅。

我的课在第二节，早读和第一节课改作业。

昨晚布置的作业是综合性实践题，孩子们做得挺差。我批改完，坐着想了一会儿。孩子的问题就是我的问题。作业量不大，但我之前布置这种题型太少，孩子们的思维没有打开。我决定，改变教学计划，趁热打铁，把昨晚的作业重新讲练一遍。

梓妍最近几天都把我画成一个大头细颈的萌猫，今天依然如此，她笔下的我在说："你们写的是'假作业'吗？"

她把我的表情画得无奈中透着喜感，挺有意思的，这让我忍俊不禁。

孩子的作业"溃不成军"，我得淡定。要创造正确的舆论导向，而不是劈头盖脸一顿责备与训诫。我是要解决问题的，不能死盯错误，所以，我不花时间从反面批评，而是积极地从正面建设。孩子写作业的信心是需要老师去保护的。

我提问了几个孩子上台演板。

批改板书的时候，我一下子想不起来答题者的名字，指着其中一题问："这是谁写的？"

"语……"杭哥大声说。教室里太安静，他一看这阵势，就做了个鬼脸，停了下来，没有把答题者的名字说全。

哈哈哈，大家都笑起来。我们已经很清楚，答题者是语婧。

我说："杭哥没有把语婧的名字全部说出来，只说了一个'语'字，他的意思是，语婧的名字只剩下'语'了，没有'婧'，'婧'的意思是女子有才能……"

我一向是"实黑"语婧的第一高手！哈哈哈，大家都会意，又笑起来。语婧也笑。语婧是一个很大气的女孩儿，遇事不生气，有包容心，有时我会拿她逗个乐儿，活跃气氛。即便孩子的作业一塌糊涂，也别忘了逗乐儿啊！

榕麟画的就是这个场景。她今天画得有点儿仓促，把"杭哥说语婧不'婧'"的"婧"写成了"静"，把我的衣服也错画为前天的了。她到底是有心的，衣服的袖管画得很有特色。

我给杭哥找了一个台阶："其实杭哥话里的意思，不是语婧不'婧'，是他的话没说完。"

"对！"杭哥点头。

杭哥今天比较高调，大概是因为他的作业中有一题被我批了几个字：此题做得很棒！

那道题是让孩子劝诫虚假广告商，杭哥写了一首打油诗：

虚假广告做得好，经济效益不得了。

司法定会查下来，最终惩戒少不了。

若有良心知悔改，人赞人夸乐陶陶。

我欢喜得不得了，给予盛赞。上课前，我走到他身边，表扬他。

杭哥好高兴啊！他之前因为作业失误，被我约谈过。这一次，全军覆没，他却成了一面旗帜。他有进步，我当鼓励。

我把他的打油诗念给全班同学听，大家很是佩服。

我说："孩子们，你们在写'假作业'的时候，杭哥是在写'真作业'的。他认真创作打油诗的时候，肯定比你们敷衍塞责快乐得多啊！当一个人为某件事付出智慧与心血，就一定会有真正意义上的快乐。"

孩子们渐渐找到了感觉，订正得很认真。

那么，总结一下，当孩子做了"假作业"，可以"四步走"。第一步，分析作业敷衍的原因，找到突破口。在消极事件中注入积极因子。如果是老师的问题，老师得敢于承担。一个有担当的老师，比完美无缺的老师更容易成为学生的教材。第二步，不生气，不批评，擦亮眼睛，在溃败不堪的作业堆里，找出优秀作业，哪怕只有一道题做得好，也是一豆亮光。星星之火，可以燎原，一豆亮光也能照耀前进的路，榜样的力量是无穷的。第三步，深思熟虑，做好沟通，把话说到孩子的心坎上，教会孩子体验作业的乐趣，直面错误与困难，不再逃避与敷衍。第四步，检查订正，不合格的退回再订正，直至弄会。

汪曾祺先生说："一定要，爱着点儿什么。"那么，就让我们心怀爱意来解决问题。即便不能完全解决，甚至完全不能解决，也一定可以看见成长过程中的旖旎风光，有信心从头再来。教育本来就是反反复复、走走看看、缓慢推进的过程。心急火燎、跑得太快，会落下灵魂。

22：26，写到这儿吧，晚安。

## 47.
## 你对孩子的否定，
## 是孩子远离你的理由

▶ 2019年5月11日　星期六

5月10日星期五，一个晴朗的初夏日，我穿了粉红条纹长袖衫，自我感觉很清爽。我上完第一节课就离校了，晚上茹丹帮我带回梓妍为我画的第92幅画像。榕麟画的是第104幅，今天上午她妈妈通过微信发给了我。

星期五是我最轻松的一天，只有第一节课，学的是彭荆风的《驿路梨花》。榕麟和梓妍画的都是抽签朗读这一幕。

这一次，梓妍读得最好，加3分。

梓妍期中考试没考好，现在很努力，为她感到高兴。

关于她成绩下降，我们只谈过一次话。我说："梓妍，你这段时间在课堂和作业上都明显放松了。"

"嗯！"她点头。

谈话就结束了。我指出了她的问题，她和我有共同的认识，就意味着不必再喋喋不休。后续我只需要看她的行动，有问题随时提醒、有进步及时肯定就好。在大人滔滔不绝时，孩子多半会置若罔闻，此所谓"出力不讨好"。教育的秘诀其实就是：适时闭嘴。

果然，我们仅有的一次谈话是有效的。梓妍现在的状态很好，这次读书就是一个例证。

刘大哥读得很好笑。"两道弯弯的修长的眉毛"被他读成了"两道弯弯的修长的睫毛"。

哈哈哈，我们开心大笑。

我说："不是'睫毛'，是'眉毛'，它俩可不一样。"

榕麟和梓妍画的就是这个欢乐的场面。其实呢，刘大哥也是努力的，只是他还需要时间。他以前可是最不爱语文的，而现在每一天都在靠近语文，这足以令我喜悦。

有一次演板，我提问的是班上5个刘姓同学，他错的最多。

我说："刘家就大哥错误多了一点儿，大哥要做好带头人哦！"

下了课，刘大哥找到我，跟我说："老师，我欠您那么多，我得还啊！"

我明白，他的意思是，他每一次都有很多问题，我却从来没有放弃帮助他，而是把他与别人同等对待。

为了鼓励他，我说出了自己的秘密："我也姓刘，咱们是一家！"

刘大哥惊讶地看着我。

我说："我是杨家的养女，生母姓刘。"

"哦哦哦，原来是这样！"刘大哥开心地跑去找同学玩儿了。他从此对我又亲近了一分。"亲其师，信其道。"于我，于他，于语文学习，都是美事一桩。

我相信，刘大哥一定会有进步，或许很快，或许慢一点儿，不管时间长短，他的进步都是板上钉钉的了，诸君尽可以跟踪阅读"画中话"，成长一定看得见。

下了课，正在收拾东西，榕麟来找我："杨老师，我想读书给您听。"

"好啊，好啊！"我心花怒放。

我们俩坐在教室里，她读，我听。周围都是小伙伴们喧闹的声音，以及他们来回奔跑走动的身影，我们俩不受任何影响，只专注于自己的事情。

榕麟一口气读了35行，无错字，无漏字，无添字，无改字，流畅而动听，真是美的享受。只可惜，上课铃响了。

我跟榕麟约定，下周一课间接着读。

我说："我感觉你能顺利读完全篇。"

她说："我也这样觉得。"

于是，我们从这个周五开始期待下个周一。

可别小瞧这种准确无误读书法，它是一种能力，也是一种定力。

第二节课我就回家了。作业在早读就改过了。周四我拿出一节课讲作业是有效果的，当晚的作业质量有了一个台阶式提升，改起来不费时、省力气。

孩子有了问题，从正面建设就好了。可是，常常有很多人，要从反面否定孩子，这样只会导致孩子离大人越来越远。

下午，我应邀到一所学校给家长课堂做讲座。

讲座结束，有3个家长主动留下来，跟我做进一步交流。

第一个，是一位有3个孩子的全职妈妈。她有两个女儿和一个儿子。

她说："我的那个二女儿太脆弱了，总是哭，她姐和她弟都比她开朗活泼；她心眼儿还小，我夸儿子写的字好，她就吃醋说：'妈妈，我写得不好吗？'非要我表扬她。我说：'你看，连你弟你都争！'"

第二个，是一位小学英语老师。她的儿子是班上的"学霸"，可她说："我儿子学习一点儿都不主动，仅限于老师布置的作业，多一点儿都不愿意学，就知道玩儿。"

第三个，是一位律师。他的诉求是："杨老师，我很无奈，我和妻子都是名校毕业的，可我的孩子在学习上反应特别慢。他那八年级的数学题，虽已经过去30年，但我拿起来两分钟就搞定，可我儿子半小时还解不出……"

可怜天下父母心，这3位家长，出发点都是好的。可是，他们都拿成人的标准要求孩子，又不给孩子成长的时间。他们的陈述里，没有分析与指导，没有理解与等待，没有解决问题的方法，只有令人头疼的问题。

他们3位的共同点是：否定孩子。孩子的心智尚不成熟，不能准确辨识大人的良苦用心，你否定他，他就远离你。世界上最遥远的距离，不是生与死，是同一屋檐下的亲子，你否定我，我厌烦你。

那么，如何改进？

第一位是个细心的妈妈，她发现了每个孩子的独特个性。其实她可以因势利导，二女儿哭泣的时候，拥她入怀，母爱是孩子最安全的港湾。每一个大人所认为的不够好的孩子，都是值得心疼的。当孩子希望她表扬自己字写得好，她可以说："你的字也好，我把弟弟交给你，你带着他把字写得更好，行不行？"不仅表扬，还给她任务，让她承担，这样的成长，自然会使孩子慢慢克服脆弱。

第二位妈妈，看到了孩子学有余力，可她是照着学习机器培养孩子的。既然"学霸"儿子爱玩儿，为什么不在"玩儿"上多下功夫，引导孩子"玩儿"出名堂呢？孩子的创造力，常常是被亲生父母以爱之名扼杀的。

第三位父亲，和孩子一起做题，是个好方法。其实，成人可以放慢速度，拿出30年前的少年感，成为儿子的伙伴，而不是竞争对手。

讲座结束，打车回家。司机师傅看出我是老师，热情攀谈。

他有一个上小学三年级的儿子，前一段时间陆陆续续从家里偷偷拿走了800块钱，买自己喜欢的小零食和小玩意儿。他和妻子发现后，非常愤怒，把儿子一顿好打。

打过之后，他们发现，打不是好法，走进孩子的内心才是。于是，他现在每天中午在儿子放学前收车，去学校接儿子，回家陪两小时，送儿子上学后再出车；下午放学接了儿子就不再出车。付出自有回报，儿子渐渐懂事了。

每一个孩子都是一个丰富的世界，每一个大人都有一颗爱心。愿孩子有更好的活法，愿大人有更好的爱法。

11：40，写到这儿吧！在合肥的酒店里，道一声，午安。

呵呵，晚上就回到郑州了！一天往返，8小时在高铁上，4小时在讲台上，整整12小时的劳顿，为的是明天好好过个母亲节。女儿女婿刚好今天去国外旅行。刚刚来微信说，落地了。真好，祝福！

## 48.
## 有一种教育，叫师者自省

▶ 2019 年 5 月 13 日　星期一

周一，满血复活，穿了格子衬衫去上班。榕麟为我画了第 105 幅画像，梓妍画的是第 93 幅。

要特别表扬她们俩一下，她们都在课间一字不差地读完了《驿路梨花》全文。榕麟读的时候，周围跑啊、跳啊及来找我背古诗的人非常多，愿儿还故意"哇哇哇"地干扰她，但她没有受任何影响。全文一共 90 行，她上周五读了 35 行，因为时间不够，剩下的 55 行今天读完，流水一样顺畅，不打结、不停顿、不出错，真是美的享受啊！梓妍下课来找她玩儿，她都没有时间，梓妍说："我也要读书给老师听。"她中午回家用妈妈的微信给我发了朗读语音，也是一溜儿顺。我跟班主任光叔说，他感慨道："这俩孩子有定力！"

光叔说得对。我深切感受到，全班孩子的定力在日渐增强。当初夏来临，整个集体像森林一样茁壮生长，似乎听得见"咔啪啪"拔节的声音。

当然，也有缺少定力的，像凌志哥。

昨天，我给他妈妈发微信说："我们凌志最近有进步啦！请告诉他，我相信他还会继续进步。"

但今天，他就在课堂上扔笔玩儿。我看了他一眼，他继续扔；我又看了他一眼，他还扔；我越看他，他越扔。

我走到他座位旁，把笔拿过来，说："我先替你保管一下这支好玩儿的笔。下课找我领。"

我拿笔上讲台的时候，看了看笔，说："我说凌志怎么对这支笔爱不释手，原来是晨光的啊！"

哈哈哈，同学们笑。晨光，是一个文具品牌，也跟班主任光叔的名字"陈光"同音，我这样说，孩子们自然会笑。梓妍和榕麟都画了这一幕。不知怎的，她俩的着色不一样，但都画了格子，大概是调色的时候各有偏爱吧。榕麟画的还不仅是在我的课堂上，她还画了其他课上凌志扔笔玩儿，被教政治的田老师发现并调侃道："某个同学的笔好像很好哦。"

看来，凌志受表扬后骄傲自满、放任自己了。他不仅在语文课堂上这样，还蔓延到了政治课堂。也就是说，他连续两节课都是躁动不安的，我的表扬不但没有促使他有更大进步，反而适得其反了。也就是说，我"好心办坏事"了。

那么，我后悔昨天表扬他吗？当然不。

该表扬就表扬，该批评就批评，一码归一码，绝不能因为害怕孩子骄傲自满就漠视他的成长与进步。有不少大人是这样的，这对孩子是不公平的。我们要允许孩子有丰富多彩的情感体验，体验之后的自我教育才是最好的教育。

表扬过后孩子"翘尾巴"，究其原因，有两种可能：一种是我平时给他的表扬不够，得到一次他就喜不自胜、得意忘形；另一种是我的表扬在双休日以书面形式直达家长那里，还请家长转告他，太过隆重，他承受不住，就转化为骄傲自满。

由此可见，问题在我，而不在他。

我要做的，就是更加细腻仔细地关注每一个孩子成长中的点点滴滴，抓住其亮点，将鼓励与表扬常态化、具体化、精细化，给予孩子一种宠辱不惊的成长环境，帮助孩子建立起自信、自尊与自爱的精神品质，使之学会稳定自己的内心，而不是顺着老师和家长的评价而改变自己的成长状态。

我也应该养成这样的习惯：孩子犯了错，不单向批评孩子，而是同时从大人和孩子的角度出发，双向思考，探究原因，制定措施，从根本上解决问题。

写到这里，就不由想到了上星期五。

那天，我布置作业："本周日是母亲节，为你的妈妈做件事……"

我话没说完，就有孩子追问："写不写作文？"

我想了一下："写写吧，怕你们过后忘记当时的感受。300字、600字都行！随心而写就好。"

一个双休日，底线是300字的作业，孩子们也没有异议。

到了周日母亲节，一早醒来，怎么想怎么觉得不对劲儿。给母亲做事还得写作文，爱就有了目的，爱就变成了任务。刻意做事，是爱的大忌，必须废除。

于是，我在班级微信群写了这样的文字：

> 敬告各位：今日母亲节，祝福各位妈妈节日快乐。周五我布置的作业是：为妈妈做件事，将这件事写下来，能写300字就写300字，能写600字就写600字。今天早晨，当母亲节来临，我决定，取消作文，让孩子没有任何负担地为妈妈做件事吧！我布置作业的时候，是怕孩子做了事不写容易忘，现在想想，爱是不会被忘记的，以后写别的作文，孩子照样能想起今天。言为心声，不会爱的孩子，自然写不出好

作文；懂爱的孩子，终将写出美文。让我们耐心等待，细心呵护。因此，我以母亲的名义，免去这个双休日孩子的语文书面作业。感谢大家支持，也请转告孩子。拜托拜托！

金无足赤，人无完人。当我及时修正自己不恰当的做法，并没有引起孩子及其家长的反感，反而得到了他们的支持，我很感激，也提醒自己：每做一个决定，都要慎重些，尽量不要随意改动。当然，一旦发现不当，绝不能思想僵化，死要面子，而要有勇气面对，有能力自省。这对孩子和老师的成长，都是有积极意义的。

呵呵，忍不住嘴角上扬。愿今夜好梦，明早笑醒。

22：10，晚安。

## 49.

## 经常犯错？
## 高，实在是高

▶ 2019年5月14日 星期二

今天，我穿了一件黑底红花绿叶的衣服，够胆大吧？大俗即大雅嘛！为了难为两个画者，我的着装越来越脱离实际年龄了，敬请谅解。好在，孩子们不嫌弃。

他们只是小声说："老师，今天你穿的衣服可真难画。"

榕麟和梓妍则说："没什么啊，不难画！"

于是，榕麟为我画了第106幅画像，梓妍画的是第94幅。她们不约而同地画了同一个场景。

课堂上，提问演板字词。语婧把"轰轰烈烈"注音成"hēnghēnglièliè"。

哈哈哈，同学们笑倒了，语婧自己也笑倒了。

我批改的时候说："我语婧真是啥错都敢出啊！"梓妍画的是我批改板书的背影。

我抱臂耍酷，说："我们 hēnghēng 烈烈，怎么了？"榕麟把这一幕画得惟妙惟肖。

我这是逗语婧呢！诸君可以查一查，语婧这姑娘啊，在本书的"出镜率"超高，为什么呢？她错误多、欢乐多呗！

这姑娘几乎每天都出错，但那又怎样？反而显出她别具一格的生动可爱。

你知道她多有趣吗？她曾把自己出的错全部找出来，归纳整理，讲给妈妈听，讲给同学听。每一个错误都是一个笑话，每一个错误都有一个让人笑了又笑的梗。比如，《卖油翁》里的"以我酌油知之"，被她翻译成"凭我喝油的经验懂得这个道理"，她硬生生地把"倒油"翻译成"喝油"，同学们笑问她："你喝的是指甲油，是石油，是汽油，还是地沟油啊？"

她用自己的错误，给别人也给自己带来了欢乐，她也养成了在轻松愉快的氛围里自觉纠错的好习惯。第二天，她又冷不丁地犯了一个错误，而后，她再在欢快的气氛里纠错，再犯错，再纠错……循环往复，周而复始，从不平静，也从不懈怠。每一天都新鲜，每一天都有新的生长。

语婧姓高，全名高语婧。我为她竖起大拇指："高，实在是高！"

不，她的高明并不止于此。她频频出错，却从不畏惧出错。这是大境界啊！我在上课前候课，有时会提问学生上台演板，她每一次都欢快地奔过来说："老师，我也想写。"

语婧，这个错误不断的女孩儿，她让我想起郭富城的歌词"对你爱爱爱不完，我可以天天月月年年到永远"。

像语婧这样的学生，还有刘大哥、烁儿、天明。

他们也都错误连连,但从不回避错误,而是迎难而上。

面对错误,刘大哥总忽闪着一双炯炯有神的大眼睛,若有所思,并态度诚恳地说:"老师,我错太多,扣牌!"

烁儿呢,他没牌,也不够硬气,他欢乐,他皮,他咧开嘴巴,搞怪卖萌,露出满口的牙齿,笑嘻嘻道:"嚯嚯嚯,老师,我又错了,对不起哦,我改了给您看哈!"

天明是个绝对粗心的男孩儿。他出了错,我让他订正,他的订正又是错的。怎么办?二次订正呗,直到他不再出错。

今早的古诗默写,他错得是真离奇。题目分明写的是"夜泊秦淮",内容却变成了"夜泊秦怀"。

我点评说:"天明对同学感情深厚,念念不忘啊!前面还是'秦淮'的'淮',后面他能写成'怀恩'的'怀'。"

怀恩越过众人的头顶送给他一抹意味深长的微笑,做了一个鬼脸儿,逗得大家哈哈大笑。

少批评,不指责,出错的孩子需要信心与勇气,我们要格外保护他们。

每一个敢于犯错、乐于改错的孩子,都是天使,都值得深爱,都值得敬佩。

今天下午,与渝涵妈妈的交流,也让我看到了大人在完善自我过程中的可贵与可敬。

她把渝涵的一篇作文打成电子稿,送到学校参加展示。一般情况下,家长打出来就好,或者觉得不妥自行修改即可。渝涵妈妈不是这样,她发现了其中一句不能照应前文,显得突兀,就和我商量,问我是不是可以修改。我看过之后,给出了修改建议。

渝涵妈妈对孩子的培养极其细心,也很有耐心。她以前可不是这样,以前她只单纯地看重女儿的成绩,总担心孩子的毛病积少成多,积习难改。那时她的教育方式有点儿激进,母女俩为此没少发生冲突。

后来，她在具体的事件中悟出了硬道理：改变孩子，不如改变自己。

她跟我说："我不再追求她的成绩，而更关心她的身体，给予她脾性与心胸的滋养，她自己反倒总想着与高手比比。我亲身体会到了鼓励相较于说教和指责的好处。我也发现她有时计较于同学的态度，这种心胸不利于今后的学习，我开导她，让她别想多了，向诗乔那种开朗奔放的生活态度学习。脾气大了，灵气就没了。请老师多敲打、多鼓励。谢谢。"

当妈妈可以客观冷静地评价孩子，当妈妈让自己处于成长的状态，当妈妈从长远发展来看待成长，孩子自然会感觉受到尊重，并且受到妈妈的积极影响。昨天我还和班主任光叔说起渝涵的状态越来越好，替她高兴，今天就找到了根源——有了妈妈的改变，才有了她的改变。是的，孩子的成长，一定要"抓根儿"，而不要一味"抓分儿"。渝涵妈妈经过长时间与自己的碰撞、磨合与融通，终于找到了更好的育儿方式，替她高兴，也由衷佩服。我对每一个不和错误结怨，而与自己比进步的人，无论是大人还是孩子，都肃然起敬。

22：18，又到了该搁笔的时候，晚安。愿明天的你我，都比今天更具慧眼，更有情怀。

## 50.
## 合适的，才是最好的

▶ 2019 年 5 月 15 日　星期三

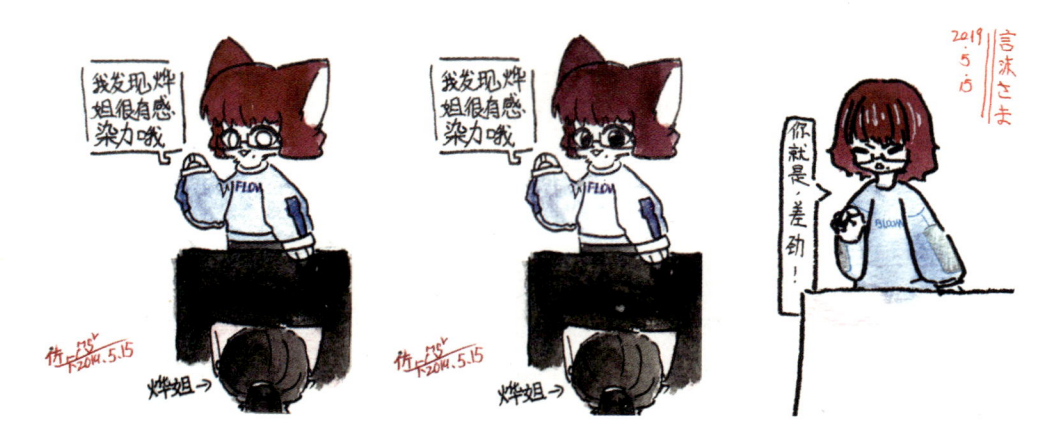

　　今天的课多，要保持身体舒适，走"慵懒风"路线。我穿的是粉蓝底蓝字母刺绣拼接落肩袖上衣。这样，孩子们画起来有层次感。榕麟为我画的是第 107 幅画像，梓妍画的是第 95 幅。

　　她们画的是我在课堂上分别与两个人的互动。

　　梓妍画的我在说："我发现烨姐很有感染力哦！"

　　是的，我说过这句话。

　　不过，这得从烨子的同桌诗鸿说起。上一周，光叔安排诗鸿与烨子坐同桌，坐第一排。诗鸿的作业质量在一夜之间迈上了新台阶，因为烨子是个小小书法家，她的作业，从来都一丝不苟，一点一横一撇一捺，工工整整，漂漂亮亮，堪称艺术品，给人以美的享受。诗鸿以前也是练过书法的，但他练归练，写归写，三下五除二就"呼啦啦"地把作业写完了，质量一般，他也不觉得这样有什么不好。可是，当他和烨子成了同桌，一下子发现，把作业写好是一件值得庆贺的事，于是他的作业质量"唰"的一下蹿了上来，让我好生惊喜！私下里一调查，找到了原因。我为此在课上表扬过诗鸿。今天学校举行了书法比赛的初赛，诗鸿与烨子同时胜出，我就在课堂上讲了这件事。

烨子是一个浑身正气的"学霸"，辐射能力很强大，直接受她影响的还有几个人。

第一个是她的前同桌小丹。小丹本是一个成绩普普通通的女生，和烨子做同桌之后，学着烨子好好学习，学着烨子认真写作业，特别是她的字体，已经有五六分像烨子的了。烨子就是那个"一直被模仿，从未被超越"的"硬核学霸"。上一周，光叔神秘而得意地告诉我："烨子对小丹的影响已经足够了，小丹成长了，也成熟了，可以独当一面了，我把她们俩调开，让烨子再去影响别的人。"

第二个受烨子影响的是魏哥。上个星期的春日放歌，魏哥与烨子承担了朗诵的任务。上台前，烨子反复练习，一字字地正音，一次次地调整表情，这深深感染了魏哥。他在作文里写道：

> 和我搭档的女生，实在太认真了。哪里该快，哪里该慢，哪里是高音，哪里是低音，哪里需要延长音，她都一遍遍、一点点地练习，她把标点符号都读出了生命，就连呼吸也都反复练习，佩服，佩服！

烨子是一个发光体，全班同学都对她说："I 服了 you！"她只是淡然一笑，继续做自己的事。这在无形中对小伙伴们又产生了新的影响。

在孩子成长的过程中，对他们影响最大的，通常不是老师，而是伙伴。一个班上，有几个烨子这样正能量的"学霸"，真是有福了。一个烨子，足矣；一群烨子，幸矣！

当然，课堂上也会有批评。

榕麟画的就是我在批评人，而且是非常严厉的批评："你就是，差劲！"

榕麟把我说的5个字掰开，中间加了一个逗号，简直太生动了。我并不记得自己当时是怎么断句的，我只记得我的语气很犀利。我当语文老师这么多年，总教给学生问号和感叹号的作用是加强语气，今天我的学生榕麟教会了我用逗号加强语气，真是神奇！逗号的作用本为停顿，用在我说的话里，却比感叹号还具杀伤力。

怒气爆发，语言就是武器。我只说了5个字，就把一个孩子的嚣张气焰给灭了。

具体情况是这样的。

某同学积极举手，着急回答一个问题。我说："因为时间有限，这个问题不再多讲。我们进行下一个环节……"

"啪！"那孩子把书往桌上一扔，嘟嘟囔囔地说："我以后再也不好好学习了！"

教室里静极了，孩子们都眼巴巴地看着我，他们想看我怎么处理问题。

我定定地看着当事人，说："你就是，差劲！"

话一出口，我就后悔了。这话，太重了。

我赶紧补充了一句："谁有新的想法，下课找我，见解独到的，可以加分。"

或许是因为我极少这样严肃地说话，或许是因为"响鼓还需重锤敲"，那个情绪激昂的孩子竟然安静下来，一堂课学得很认真。

每一次批评学生，我都是有事后关怀的。下一节是体育课，我在教室里等了他一节课。他从操场回来，我走到他身边，与他探讨他课堂上想回答的问题。他很开心，我也是。

这个孩子是聪明的，但也是非常情绪化的。我早就有帮他之意，只是一直没有找到契机，不料想，当我今天一改平日的温和平易，冷不防给他一击，反而对他是个警醒。

教育的方式有很多种，适用的那一种才是最好的。有人适合鼓励，有人适合批评，有人适合混合式教育，根据实情，常变常新，才是硬道理。

23:09，写到这儿吧，晚安。

今天有个花絮。中午梓妍匆匆忙忙把画像给我，我没有细看，拍成照片就收了起来。夜晚写作时，发现我的黑眼珠只有形状没有颜色，我给梓妍妈妈发微信说："梓妍妈妈好，麻烦问一下梓妍，这幅画是不是忘了涂眼珠？或者是有什么寓意？"

她妈妈回复说："是忘了涂眼珠。"

我忍俊不禁。

我竟然想到可能有什么寓意！一个不懂画的语文老师，想多了，呵呵。

梓妍涂了眼珠，感觉立马不一样了，果真眼睛是心灵的窗户啊！

# 第七辑

## 纯真如你,我心靓丽

## 51.
## 不期而至的客人，
## 欢迎你再来

▶ 2019 年 5 月 16 日　星期四

今天，我穿了民族风套装，上衣是大红底色，有黄色大牡丹花、翠绿的叶子，黑色裤管的下端，是和上衣一样的红底黄花绿叶。榕麟为我画了第 108 幅画像，梓妍画的是第 96 幅。

第二节是语文课。当我喜气洋洋地走进教室，发现后面有两位"不速之客"：渝涵妈妈和小马哥勇骙妈妈。

蓦然想起，5 月是教学开放月，学生家长可以随时入班听课。今天是家长朋友第一次前来听课，孩子们感到好新奇，榕麟和梓妍也不例外，她们画的都是这件事。

课堂上学了一些生词。我找出其中 3 个词——不期而至，心有灵犀，海角天涯——让孩子们用这 3 个词说一两句话。

愿儿第一个说："两位家长与'七一'班不期而至，因为我们心有灵犀，我们愿意与她们一起走到海角天涯，永不分离。"

小伙伴们通过辨析，发现愿儿的句子虽然深情款款，但也有不恰当的地方。

我请小伙伴们帮忙修改。

琪琪改动后变成了："两位家长不期而至，来到'七一'班，因为她们与我们心有灵犀，我们愿意与她们一起走到海角天涯，永不分离。"

诗乔说："虽然我们分散在海角天涯，但只要我们心有灵犀，就一定会不期而至在某个共同向往的地方。"

我说："两位家长与我们心有灵犀，即便我们远在海角天涯，她们也一定会给我们带来不期而至的惊喜。让我们热烈欢迎她们的到来！"

哗啦啦——雷鸣般的掌声响起来。朋友来访，不亦乐乎！榕麟把我画得多么喜庆而热情啊！谢谢。

两位家长的到来，给班级注入了动力。每个人都比平时更努力，每个人都想出彩。比如，点点把"设置悬念，吸引读者的阅读兴趣"简化为"设悬，吸读"，简洁明快，诙谐幽默。小伙伴们互相提醒："注意，注意，'吸读'的'读'不能写错，不能写错，不能写错！"

哈哈哈，他们的意思是，"读"可千万不能写成"毒"。

话说，"吸读"这个词，是我上一届学生创造出来的，我觉得好玩儿，就延续到了这一届。我第一次说这个词的时候，故作神秘道："关上门，关上窗户，可别让别人误解为我教唆中国好少年！"

恰好这届学生是一群"戏精"，他们一本正经地向坐在门边和窗户边的小伙伴喊："关，快关，保护老师要紧！"

就这样，"吸读"一词，成了我们的"行话"，今天，点点又增加"设悬"

227

来丰富我们的"行话"。我想，多年以后，这也是我们温暖记忆中的一个点吧！

我们再回到课堂上来。这是提问上台演板环节。

"我，我，我！"

"老师，我！"

"我要上讲台！"

"点我，点我！点点点，我我我！"

抢到机会的同学，无不一笔一画，都比平时认真。他们写完也舍不得离开，一遍遍、一字字，检查得仔仔细细，确认无误后，才恋恋不舍地离开讲台。

演板的人中，有渝涵，也有小马哥。渝涵本就是热爱学习的女生，今天更为出色。小马哥今天的学习状态是空前地好，写得也好认真哦！这个平时常说"我语文不好"的孩子，今天只错了一点点。

我点评的时候说："小马哥今天开窍的原因肯定是他妈妈坐在后面。"

梓妍画的就是这个场景。她笔下的猫老师喜悦而真诚。是的，这是我当时的样子，我以感激之情愉快认领。

下课的时候，我跟两位妈妈交流，她们都为孩子的美好表现感到欣慰。

小马妈妈是个全职妈妈，她有的是时间。我跟她说："美女，你到我们语文课堂的次数，一定会与小马哥的语文成绩成正比。你的到来，有如春风，会吹散他心头的愁云，他一定会因此消除自己语文不好的心理暗示。"

小马妈妈很惊喜地说："是吗？那我一定试试！"

我的预言到底准不准？我们拭目以待。总之，热烈欢迎家长朋友随时来到我们的语文课堂，以别样的形式为孩子鼓劲儿加油。谢谢！

23：08，晚安，期待明天！

## 52. 在这里，没有害怕

▶ 2019年5月17日 星期五

哗啦啦，转眼又是星期五。今早，我穿了红色刺绣长袖衫。我买这件衣服，不为别的，就为胸前精细的"福"字刺绣。这不是可以增加孩子们画画的难度吗？我这样想，便果断下了单。可榕麟偏偏没有画那个"福"字。"福"躲在了听写纸的后面。今天的裤子也是比较个性化的，满是褶皱。这一点榕麟画出来了。这是她为我画的第109幅画像。梓妍画的是第97幅。梓妍把上衣的"福"字画出来了，但裤子被讲台遮住了。两幅画相映成趣，加在一起才是完整的我。呵呵，不知榕麟是粗心还是调皮，落款日期还是昨天。

今天，小马哥的妈妈再次来到课堂。一早，小马哥就跟我耳语："老师，我

妈妈今天还来。"看来他是欢喜的，今天的表现也像昨天一样好。

第一节就是语文课。正在上课，我看见皓皓在玩一个袖珍金属小球，便走过去想看个究竟。他一看见我，就把手抬得略高，轻轻一倾斜，把那个小球倒在了我的手心。小球在我的手心滚动了几下，平静下来。

我的心是多么温暖啊！孩子在课堂上玩小玩意儿，在我走向他的时候，他没有躲闪，也没有掩盖，他诚诚恳恳地把小玩意儿给了我。就像两个玩着游戏的小伙伴之间传递着玩具。他给予我的，是绝对的信任。

我想起美国名师雷夫的著作《第56号教室的奇迹》里有一句话："这里，不是比别的地方多了什么，而是少了。在这里，没有害怕。"

我说："皓皓看到我过来了，就把这个小球递给了我，也想让我玩儿呢！"

哈哈哈，大家笑。

"老师，那是吸铁石……"有小伙伴告诉我。

我说："哦，我还不知道它是吸铁石呢！谢谢你告诉我。也希望语文课堂是块吸铁石，把皓皓的心吸引过来。"

我又看着皓皓："待会儿提问你上台演板，全对就不扣牌。"

梓妍画的就是这一幕。她把场面画得甚是生动，我手里的小球散发着光芒，似乎很有价值。事实也的确如此，一块小小的吸铁石，也可能是魔法石，变出一个动人的教育故事！

按班规，皓皓上课玩吸铁石要扣牌一张。可是，我知道，皓皓的牌所剩不多，而每一张牌，都能抵消一次错误，在关键时刻保他一"命"。既然每一张牌都藏着他在教室里的安全感，那么我就不能让他"倾家荡产"，不能使他失去这种安全感。更重要的是，要想把一个孩子放飞了的心拉回课堂，则要让他有盼头、有劲头，而不是单纯地接受惩戒，搞得他灰头土脸、灰心丧气。

我虽然给了他盼头，但也绝对不会让一张牌唾手可得，皓皓得努力。以他的学习水平和学习态度，演板全对有一定难度，这是我们心照不宣的。

课堂的最后10分钟是这样安排的：第5单元字词，留3分钟复习，4分钟听写，其中有4位同学上台演板，其他同学在座位上写，3分钟批改板书。

共听写了20个词，皓皓对了18个，这对于他来说是不错的成绩了。我说："虽然皓皓不是全对，但我依然不扣牌，因为他努力过呀。孩子们，你们一定要记得，所有的努力，每一步都算数。"

皓皓长舒一口气，他用后半节的努力，弥补了前半节的错误，也算将功补过。

我批改完板书，让课代表火速收齐台下的听写。

我说："孩子们，你们把听写的内容从本子上撕下来，交给我听写纸。写好自己的名字。我下了课就要去河北出差，我把你们的听写纸带到高铁上批改。"

"啊，还有这种操作？"孩子们惊讶了！

我哈哈大笑道："没错啊，我教往届学生时也经常在高铁上改作业呀！不过，为了便于携带，我只能带作业纸。我每一次在高铁上改作业，都有乘客围观，这些乘客来自全国各地，甚至还有外国友人呢！他们惊喜地低声传播：'嘿，你们看，这儿有个老师诶！'他们围观的时候，不说话，连大气都不出，唯恐打扰我。那一刻，我无比自豪啊！"

这届孩子最擅长"脑洞大开"，他们说："老师，你把我们的作业带到高铁上改，会不会有人拍下来传到网上，把我们捧成'网红'？"

哈哈，亲爱的，你们真不是被吓大的！

榕麟画的就是这一幕。画面上，我手里拿着听写纸，旁边有带着波浪线的文字：老杨要把大家的听写带到高铁上改哦！

榕麟的笔下，透着好奇与欣喜。可是，因为我的粗心，我把听写纸装错了手提袋，回到家里才发现听写纸还在学校，来不及回学校去取，只能下周一早点儿到学校批改了。孩子们，对不起。

今天的画像，是茹丹带回家拍成照片传给我的，我依据照片写了"画中话"。

星期天回到家再找她拿实物。

23：58，于河北沧州唐朝商务大酒店，道一声，晚安。

5月19日星期天，我回家找茹丹拿画像，她怕弄脏了画像，用一个好漂亮的小纸袋装着，有一个这样聪慧又体贴的学生邻居，真幸福。谢谢。她把画像给我的时候，问我："老师，您是不是把我们的听写纸带到高铁上改了？"

孩子是多么好奇呢！他们喜欢学习生活中的新样子，有机会一定在高铁上改作业给他们看。

## 53.
## 我来表白一下

▶ 2019 年 5 月 20 日　星期一

今天是个特殊的日子，"5·20"，"我爱你"表白日。我穿着粉白绣花两件套，黑色绣红线阔腿裤来到学校。榕麟为我画了第 110 幅画像，梓妍画的是第 98 幅。

我高高兴兴地走进教室。

可是，周一的课并不好上。叽叽喳喳，孩子们像刚出生的小鸟，总有人小声说话。

我抱着膀子无奈地看着孩子们，说："你们今天好躁哦！"

梓妍把我画得惟妙惟肖，此时，我的无明业火"噌噌噌"往上蹿，我快要"炸"了！但发火失态是教师的大忌，我得让自己稳定下来，我抱着膀子，也抱着气愤，不让它迸发出来。

我这个样子还是有些威风与杀气的，孩子们乖乖地静下来了。

我停了半分钟才说话："今天是'5·20'，我来表白一下吧！"

"好啊，好啊！表白谁呀？"孩子们很好奇，但并不焦躁胡闹了。

我笑了一下："表白你们所有人啊！我爱你们中的每一个，希望你们好好学习，我也会好好地教。"

孩子们说："我们也爱你呀！"

我笑道："这不就结了！我们是相亲相爱的一家人，那就对彼此好一点儿咯！"

课变得好上了。

效果如何？当堂检测。

课代表们上台听写字词。

烁儿写的字让人啼笑皆非。他把"钦佩"写成"亲佩"，把"辜负"写成"姑父"，把"快快不乐"写成"样样不乐"，逗得大家哈哈大笑，他自己也扬扬得意。

搞怪逗乐儿是烁儿的特点，他不喜欢刻板沉闷的学习方式。这正合我意，我也追求轻松愉快的生活状态。所以，平时他出了错，我大都一笑而过，不加责备，只是责令他纠错。

但是，今天不同。今天的烁儿把玩笑开大了。

他在黑板上写了一个很低俗的词。

我很生气，声色俱厉地断喝："烁儿，你给我好好写！"

榕麟把我画得气势汹汹，怒目圆睁，完全没有黑眼珠。

看到这幅画像，我真是欢喜异常啊！三国时"竹林七贤"之一的阮籍能为青白眼，见礼俗之士，以白眼对之。榕麟笔下的我，真有点儿古人风范呢！我对烁儿的庸俗行为白眼相向，而对榕麟这样可爱的女孩儿，自然要青眼有加哦！

烁儿虽然顽皮，但他心里跟明镜似的，他知道我的严厉呵斥并不是对他厌恶，而是就事论事，批评他的错误行为。他听见我的呵斥，立即把那个低俗的词擦掉，写了一个正确的。

回到座位上，他"嘿嘿嘿"笑了几声，说："对不起，语文 teacher！"

他还是那么皮！道歉的时候，英汉夹杂，根本不管英文不能直接用"teacher"来称呼老师。但是，我不能因此否定他道歉的诚恳态度。他犯错是真实的，道歉也是诚恳的，只是他觉得，道歉也不至于板着面孔。没有什么事必须一本正经才能完成。嬉笑的背后，是一颗真诚的心。他就是这样一个孩子，错误不断，错了改，改了再错，在"错错错"中，他长大了。他有改也改不完的缺点，有叠加再叠加的错误，但是，我还是要无条件地爱他呀！爱能给他镀上光，遮蔽他的缺点与错误。他懂得爱，也没有辜负爱，所以他会道歉，会修订自己的错误，会让我看见他的成长。

这样真好！每一天都生动有趣，不呆板，不僵化，不沉落。

真爱，就是允许孩子犯错，随时帮孩子纠错，让孩子热气腾腾、扬眉吐气地长大，而不是限制、压抑、束缚他们的个性，把他们变为听话、没个性的机器。

孩子们是懂我的。

放学后，凌志、皓皓、榕麟、梓妍、琪琪留了下来，让我给他们听写生字词，写完，他们嘻嘻哈哈又认真细致地互相批改。

"你这一笔没拉平！"

"这个字老师在课堂上讲过，你还错！"

"我就不信你全对！来，我再挑挑毛病！"

"你挑不出来的！我这是杨老师亲自改的，官方认证过！"

"老师，我以后会经常找您听写！"

在一个充满爱的环境里，孩子会主动担当、敢于探索、不怕失败。我想，这就是他们的人生安全感与主动成长的信念吧。

没有比爱更好的教育。如此，不只是"5·20"，每一天我都应该表白：孩子，我爱你们，所有人！

22：36，道一声，晚安。再表白一声，这美好人间啊，我爱你！

235

## 54.
## 今天，
## 我是"整条街最靓的仔"

▶ 2019年5月21日　星期二

　　今日小满。"四月中，小满者，物致于此小得盈满。"很好的一个节气，既有饱满圆润之感，又留有生长空间。我穿着青花瓷无袖长裙、宝蓝色镂空外搭，走进教室，孩子们惊呼："哇哦，老师，今天您是'整条街最靓的仔'！"被人赞美总是好事，我心花怒放。榕麟为我画了第111幅画像，梓妍画的是第99幅。

　　今天，我改了3轮作业：昨晚的作业，早读的默写，当堂的听写。挺累的。但总得亲手过一遍，才能对学情做到心中有数。

　　课堂上我是要点评的。对自己一点一滴、一字字批改的作业，自己一个个爱过的孩子，总是格外珍惜的。

所以，我可以深情款款地跟孩子说："你也进步了！"

榕麟是个聪明的画者。她知道我爱得太多，所以没有具体指出"你"到底是谁，但一个"也"字又说明，"你"不是一个人，而是一个群体。

"你"是谁？

"你"是俊言哥。以前他的古诗文默写都是不过关的，现在错得极少，甚至全对了。

"你"是任哥。他是"金句王"，也是"错别字大王"，但他不怕错，每次错了都主动改。这样活泼明亮的少年，不仅进步，还令人心生欢喜。

"你"是攀源姐。以前她有很多的"搞不定"，现在她有越来越多的"搞定了"。

"你"是小点哥。以前他是"小懒汉"，现在他是"努力娃"。

"你"是翙哥。以前他最怕批评，现在他能接受批评，而且乐意改错，一遍，一遍，又一遍，不厌其烦。

"你"是铭哥。以前他总随便糊弄，现在他能认真面对。

"你"是杭哥。以前他得过且过，现在他深思熟虑。

"你"是刘大哥。以前他害怕语文，现在他热爱语文。他还挺会总结错误，他说："这一次我错的全是偏旁。"

"你"是心阁姐。以前她不主动，现在她不拖沓。

"你"是凌志哥。以前他极少默写满分，现在他极少不满分。

"你"是辉仔。以前他错误多多，现在他还是错误多多，可是，他改错比以前快！

"你"是钱大哥。以前他总分神儿，现在他渐渐变得专注。

"你"是烁儿。以前他总盘根错节事情多，现在他的杂事儿减少心安定。

"你"是超凡哥。以前他的错字很多，现在他的错字减少很多。

"你"是新语。以前他对新知识浅尝辄止，现在他对新知识乐此不疲。

"你"是俊宇哥。以前他上语文课总不好好学，现在他每节课都有好好学的优良记录。

"你"是安新姐。以前她的成绩下降得很厉害，现在她的成绩正回升。

"你"是正气哥。以前他默写一大半不会，现在他默写会一大半。

"你"是魏哥。以前他能说不会写，现在他能说也会写。

"你"是佳仪姐。以前她把一个错误反复犯，现在她很久都不犯一次错。

"你"是琪琪。以前她的字体写得很难看，现在她的字体挺耐看。

"你"是怡畅姐。以前她默写很粗心，现在她默写很细心。

"你"是永泰哥。以前他总说语文不好学，现在他总说语文不难学。

"你"是怀恩。以前他上课不听讲，现在他上课常用心。

"你"是愿儿。以前他借口多，现在他不推脱。

"你"是奕晗姐。以前她上课爱睡觉，现在她上课爱举手。

"你"是常兴君。以前他默写非常差，现在他默写错很少。

"你"是小马哥。以前他在课上做游戏，现在他在课上记笔记。

"你"是诗鸿。以前他对错误不在意，现在他对错误留心意。

"你"是玥姐。以前她因看小说着迷而影响了学习，现在她收起小说爱学习。

"你"是梓妍。以前她的成绩不断下降，现在她的劲头持续上升。

"你"是明洲。以前他对我批阅的红叉视而不见，现在他见了红叉就要问个清楚明白。

"你"是天明。以前他错了也自以为是，现在他错了就认真纠正。

"你"是梓亦。以前她磨磨蹭蹭，现在她认认真真。

"你"是钰钰。以前她懵懵懂懂不怕错，现在她仔仔细细避免错。

"你"是雯涵姐。以前她上课瞻前顾后，现在她上课有自制力。

"你"是皓皓。以前他字体混乱，现在他笔下生花。

"你"是诗乔。以前她凭兴趣学习，现在她凭意志努力。

"你"是埔鸣。以前他错了也不改，现在他错了立即改。

"你"是怡霏。以前她上课偏离轨道，现在她上课专心学习。

"你"是朴衡。以前他总拖延，现在他行动加速。

"你"是磊磊。以前他需要提醒纠错，现在他错了就主动修改。

"你"是鹏鹏。以前他以玩儿为主，现在他以学为主。

"你"是语婧。以前她是错上加错的粗心女孩儿，现在她是力求减少出错的快乐女生。

"你"是丰泽。以前他的成绩忽上忽下，现在他的成绩已经稳定。

"你"是明慧。以前她出其不意出个错，现在她认真仔细少出错。

以上这些是进步了的，他们中的每一个，都是榕麟笔下的"你"。

不止他们，这届学生中，还有始终如一、保持初心的，他们是：烨子，渝涵，男男，伊凡，师彤，沛雯，语乐，鲁豫，榕麟，茹丹，小丹。他们啊，人小定力强，堪称班级好榜样。我的57个学生，每一个都是成长中的小树，阳光照耀时，他们的成长就顺一点儿；风雨袭来时，他们的成长就慢一点儿。总之呢，他们一直在成长；总之呢，我愿意把最深的情给他们，随时告诉他们："你也进步了！"

梓妍画的是，我写完板书转过身的刹那，看见铭铭朝后排语婧身上砸纸团。少年之间，总有一些课间的小恩怨在课堂上延续，不曾想，被我发现了。呵呵，前文提到他有进步，现在又要写他的错误了。一码归一码，他还是可爱的那一个。

我得意扬扬道："铭铭用纸砸、砸，砸掉了一张牌哦！"

哈哈哈，大家笑，我也笑。是的，惩罚也可以是笑着的。

真幸福啊，我能看到每一个孩子最细微的优点、亮点，也能就事论事，客观公正地对待每一个孩子。嗯，我感觉自己的心还是挺靓的。我不仅要着靓装，还要心儿靓。我不敢奢望成为"整条街最靓的仔"，但可以成为最靓的自己。

小满日，小满足，大方向，加油！

## 55.
## 在我变成
## 第 100 只猫的时候

▶ 2019 年 5 月 22 日 星期三

今天是个好日子。梓妍为我了画第 100 幅和第 101 幅画像，榕麟为我画的是第 112 幅。

和榕麟画第 100 幅时一样，我穿的衣服又是"粉色少女系"。

其实，梓妍忘记了自己今天画的是第 100 幅。她画的第 100 幅画像，描绘的是我在上课的时候。我们学完了杨利伟的《太空一日》，还有 10 分钟的时间，我说："'离开'杨利伟啦，快翻到'语言简明'那一页。"

梓妍可能觉得有趣，就画下了这一幕。

梓妍把我画成了"少女猫"。我端着书，脸上是俏皮的笑。她把讲桌也涂成了粉色。细心的读者一定发现了，最近梓妍画的讲桌每天都不一样，颜色与样式都有变化。

梓妍的同桌玥姐说："读者一定会觉得，哇，这个班好有钱，每天换讲桌。"

其实呢，讲桌还是那个讲桌，而"脑洞"不再是那个"脑洞"。在《我是老师，也是永远的孩子1》里，我写到有人说榕麟和梓妍是我的移动照相机，今天"爆料"一下，那个人就是玥姐。

交给我画的时候，梓妍才恍然大悟，说："哇，我忘了今天是第 100 幅！"

榕麟就拿画来逗她了，榕麟画的是我们仨。我一手托一只小猫咪，一手举起，比"V"的手势，朝气蓬勃的样子。她把梓妍画成一只穿着枣红色校服的小猫，她自己则是一只红眼睛小白兔。在《我是老师，也是永远的孩子1》中她们就说过，这是我们仨的"人设"。她还写了大的"100 to Zuǒ Kǎ"，左边是小字"连自己一百张都不知道，佐卡（傻）"。这是多么善意、多么有趣的逗乐儿呢！从她俩身上我就发现，一个女孩儿至少要有一个好闺蜜，学习之余，互相逗着玩儿，给青春带来灵动与喜气。

梓妍又画了第 101 幅，她画的也是我们仨。榕麟是只抱着胡萝卜的小白兔，她自己是只长着鹿角、抱着鱼的猫，我则是只捧着心的猫。我们笑眯眯，头碰头，像三个亲密无间的好闺蜜。画面上写着："第 100 幅！感谢支持！"

原来，在我变成第100只猫的时候，是这样一个可爱的形象，好感动。

为了庆祝，中午放学我们仨去吃了牛排。她俩吃完先回去写作业，我付账买单，收拾残局。服务员都以为榕麟是我的女儿，梓妍是她的小闺蜜。

他们说："你的女儿和她的小闺蜜真可爱！"

哇，我又多出一个如此美好的小女儿，我的女儿还自带小闺蜜；并且在外人看来，我有做豆蔻少女的妈妈的状态，这多么幸福啊！我走在36摄氏度高温的路上，顶着烈日的炙烤，却感觉自己身轻如燕、心喜如花。

我是辛勤的，也是快乐的。为了每日一更的"画中话"，我停掉了一切社交活动，不看微信朋友圈，不上微博，不打电话，不约吃饭。"板凳要坐十年冷，文章不写一句空。"我的全世界，只有我的学校、我的学生。请朋友们原谅我，我这样"与世隔绝"的生活，要持续到2021年6月底这届学生毕业时。请允许我"隐身"两年，去过一种几十年梦寐以求的最纯粹的生活。我知道朋友们挂念我，你们的问候我都收到了，我有点儿忙，恕不一一回复。朋友们，我很好，身体健康、精神愉悦、心态平和，时时刻刻被孩子们温暖着、感动着。请放心。

我的学生每天都带给我无限安慰与欢乐。

比如，诗乔有一道题做不出来，她画了一个二维码，旁边写道："答案已隐藏，扫码可查阅。"

比如，我们做了一个综合性实践题：你怎样表达对父母的孝心？

烁儿的答案是："我努力学习，长大挣钱，80%交给他们。"

阿泰哥写道："我不给父母添麻烦。"

再比如，在学校的道德讲堂活动中，光叔被评为道德模范，愿儿上台谈感想："今天我对光叔的理解深刻了一层，以前我做得很不好，被他批评的时候，私下里骂他'地中海'……"

哈哈哈，全场笑倒。

散会后，愿儿跟我说："老师，您说，我是不是多嘴？我在大庭广众之下说光叔'地中海'，这下坏了，肯定至少扣两张牌！"

"不会的，光叔不会的！他是一个道德模范，是靠大爱情怀立身的！你敢于上台发言，他还会奖励你牌呢！"小伙伴们都说。

我的心，被暖暖地撞击。孩子们的眼睛是雪亮的，心是亮堂的。

这些小欢乐、大真诚，都是我深居简出的最好依托。

22：30，晚安。愿今夜梦中芬芳，明日万物美好！

## 第八辑

「佛系」如你，我心欢喜

## 56.

## 我用爱你的方式，启发你爱学习

▶ 2019年5月25日　星期六

这一周，有点儿忙，有点儿累。今天一次写周四和周五的4幅画像。这两天的衣服比较接近，都是白色休闲运动装。周五的上衣有白色条纹，左肩膀下有小口袋，口袋上绣着一支红玫瑰；裤子是明艳而活泼的波西米亚涂鸦风，也算比较俏皮了。我买衣服，通常不为整体，而为某个动人的小细节。这身衣服便是如此。果然，孩子们是喜欢的。榕麟为我画了第113幅、第114幅画像，梓妍画的是第102幅、第103幅，她们都在小口袋的玫瑰花和裤子上着墨不少。

星期三晚上我布置的作业是阅读理解题，阅读理解题是期末复习的"重灾区"，差不多每道题都不容易答完整。有的孩子很有心，他们在交给我之前先对照答案自改。满篇的红色笔迹，就像5月的鲜花，饱满、热烈。这样的孩子，应该受到表扬、得到鼓励。我热情洋溢地说："对改的同学都特别棒！"榕麟画的就是这个场景。她笔下的我，端着练习题册，面带喜悦，周围是蝴蝶一样美丽的红心。我想，这是我的心，也是榕麟的心，轻盈而灵动。是的，老师就是这样，看到学生自觉学习，自会心花怒放。榕麟看到了我的愉快，并把它画了下来。一个人被另一个人懂，好幸运！

当然，课堂上也时有波折。

比如，我正讲着课，发现最后排的翊哥把书包放在腿上，把手放进书包里，不知在干什么。我一边讲课，一边等他，他却迟迟不把手拿出来。

我得提醒他，但我不能批评。美国人本主义哲学家弗洛姆说："爱是一种艺术。"他不好好听讲，我把他的心拉回来就好。

我说："翊哥，今天37摄氏度，你把手放书包里暖，你真聪明哦！"

哈哈哈，孩子们笑起来，翊哥也笑。同时，他把书包推进抽屉，调整自己，让心回归课堂。梓妍画的是这个场景。

继续看周五的画像，又想到怀恩。他的拼音"哗啦啦"连环出错。我点评的时候，小伙伴都看着刘大哥笑，因为刘大哥的拼音错得多嘛。

怀恩也姓刘。我说："这是……刘家人拼音都学得不好？"

两个画者画的都是这一场景。画面中的我，故作沉思状，梓妍画出了我迷茫的眼神，榕麟则让我手托下颌，眉眼低垂，像一个胸有丘壑的得道高人。小孩儿总比我更有智慧。

她们的意思是：学生出了错，我以调侃的方式提醒，就好了。

不，不止如此。仅有提醒是不够的，我可以更进一步。

比如，我提问榕麟、梓妍、沛雯，她们的回答都不够完整。我与她们约定，下课找我，我重新提问，直至完全正确。

比如，天明东张西望，不好好听讲，我不再像对翊哥那样提醒他，而是直接提问。这应该是更好的方法，提醒只能拉回他的思绪，提问则促使他进入学习。

我要提问的是一个难题。我不能着急，要给复习时间。能流畅地回答老师的提问是一个学生的光荣，我得给天明光荣，我相信他会因此主动学习。

两分钟后，我提问天明，他对答如流。我肯定了他的回答，他笑眯眯地坐下，没有再东张西望。孩子不喜欢学习，通常是因为没有找到学习的乐趣与自身的价值，那就让他去体验。这还不够，还需要强化对他的肯定。

下课，我跟天明说："小马哥的妈妈在咱班听了好几节语文课，她告诉我，你一天比一天好。你以前整节课有半节课在东张西望，现在东张西望的时间已经减少到了1/3。你在进步。"

天明开心地笑："真的假的啊？"

我说："老师岂敢说假话！"

坦白地说，教育天明不是件容易的事，但我依然要给予他公正且具体的肯定。我曾跟光叔说过，天明身上有一些显而易见的缺点，需要我们下更大的功夫，但我还是对他有信心的。光叔认同我的观点。读者朋友可以持续关注这个孩子的成长。他代表着一类孩子：有点儿自恋，缺乏自律。他的成长，具有一定的参考价值。

再来说说渝涵，一个爱学习的女生。

但是，昨天的课，她表现得不好。我像对待天明一样，不批评，只提问。

她答得不好。

她是一个"学霸"，这不该是她的状态。

我说："渝涵，你没有发挥好。下课还有一次机会！"

话音刚落，我看见丰泽正拿着一把剪刀，使出很大力气，咬牙切齿地想要把一支笔芯剪断。

我模仿他的样子，说："丰泽，为了摧残一支笔芯，你也是蛮拼的。下课你也来找我，我也提问你。"

哈哈哈，大家笑起来，丰泽也跟着笑。

下课，榕麟、梓妍、沛雯、渝涵、丰泽都来找我。我提问的时候，每个人都很认真，每个人都答得很好。嗯，看来我课上不批评、课下约谈提问的方法管用。最好的教育，不是我发现了你的错，一顿批评了事，而是由课内跟踪到课外，心平气和地解决问题。我用爱你的方式，启发你爱学习。

孩子，你若犯了错，不必懊恼，不必自责，以积极的状态去建设自己。从此以后，我的批评会越来越少，我对学生自我建设的引导会越来越多。

爱，总暗藏对自我的奖赏——建设别人的同时，我也建设了自己。一个不断建设自己的人，是多么幸福！

20：00，在从郑州到北京的高铁上，道一声，晚安，一切好！

我是老师 也是永远的孩子 2

WOSHI
LAOSHI
YESHI
YONGYUAN
DE HAIZI 2

## 57.
## 爱很费力，但我愿意

▶ 2019 年 5 月 28 日　星期二

对不起，这一段时间期末复习，太忙了。备课、上课、改作业、改默写、查订正，跟孩子谈心，晚上回到家感到腰背疼。为健康计，昨天休息较早，今天一次性写4幅画像。昨天和今天，气温刚刚好，不热也不冷，穿一样的衣服：中国红五分袖蝴蝶结加刺绣民族风上衣，黑色休闲裤。榕麟为我画的是第115幅、第116幅画像，梓妍画的是第104幅、第105幅。

昨天是个周一。

一早收到丰泽妈妈的微信，她告诉我丰泽双休日的作业没写完。我查了丰泽的作业，写完了；问丰泽何时写完的，他说是早晨起来恶补的。

我给丰泽妈妈回信："孩子把作业补完了。他是有责任心的，应当鼓励。"

她放心了一些，说中午给丰泽做红烧肉吃。

我笑着去批改丰泽的作业。毕竟是临时抱佛脚恶补出来的作业，仅限于完成任务，质量不高；找丰泽谈，他愉快地接受了我的批评。

今天放学，我提前告知他，明天提问他上台演板。不打无准备之仗，我时常提前通知某个学生课堂上要提问他，以及具体提问什么内容。孩子有了充足的复习时间，对学习就自信一些。至于明天丰泽做得如何，且听下回分解。

一上课我就表扬了辉仔。

他每天都通过微信语音读书给我听。这几天分别一口气读了57行、68行、78行。我要求不添字、不漏字、不错字、不改字，10行加1分。为了达到这个水平，他读得很缓慢、很认真、很仔细。13岁的小男生，尚未变声，声音很亮，带着一点儿口音，从中可以听出一个孩子的努力和向往，还有一点儿挣扎：他怕错。我知道，他的目的就是得牌，带着功利心。他牌少，就想办法通过读书获得牌，这无可厚非。而我的目的，是借助他得牌的愿望，培养他专注于读书、专注于一件事的习惯。他的每一次朗读，我都用心倾听、及时点评。每一天，我都给他新的动力："辉仔好孩子，你坚持得真好啊！"就这样，每一个晚上，他不再急于睡觉或玩游戏，而是端坐在书桌前，屏气凝神，读书给我听，我给他记分。越来越多的积分，给了他越来越多的信心，他越读越好，心情也越来越愉快。

昨天，当我在课堂上表扬他，有小伙伴不屑一顾，嘀咕道："他就是想得牌。"

我说："是好事啊！君子爱牌，取之有道。和他一样经常给我读书的，还有冠宇、梓亦，明洲也读过一次，以前梓妍也读过几次。梓亦的声音细细糯糯的，超级好听；冠宇每一次都是先问好，再读书；明洲每一课只读10行，就换下一课；梓妍的语速控制得非常好。我想，他们的初衷，大概都是得牌，但这总比连牌都不想得好吧！再说，若他们无心插柳柳成荫，爱上了阅读，那可就终身受益了！"

今晚，辉仔来信说："老师，我读了79行，破纪录了！"

我回复道："好棒哦，辉仔！坚持读书的少年最幸福！"

被爱的孩子很快乐。而爱，是很费力的事。

比如，孩子的早读默写，我批改了一遍，把每一个错字圈起来，发给他们订正。订正后，我再收来逐一检查，仍有一小半的孩子再次出错。这很容易激起人的焦躁情绪，合着我辛辛苦苦、逐字逐句批改了那么多作业，劳而无功！

还好，我没有坏情绪。爱，使我心平气和、从容不迫。

下课的时候，我找到当事人，先问："要不要喝水？要不要去洗手间？"

如果需要，就让他们先解决这两个问题，然后找我订正；如果不需要，我就陪着他们订正。一遍，一遍，又一遍。有时候，前一天好不容易教会了，第二天他们又错了，或者过了几天再错。我就再找他们，陪伴订正。一天，两天；一周，两周；一月，两月；一年，两年，三年……教育是份"慢功"。

课下，与光叔交流，他叹息道："让咱们几个教这样的班，真是磨性子！唉，课间操都做不好，被批评3次了！训斥他们吧，又觉得不合适。"

我说："是的，好难，可依然要爱他们！多和他们谈心，打通心灵，让他们发自内心地明白，认真做操，也是塑造青春形体美。没有人不爱美，慢慢引导，他们会懂。"

今天课间操后，我注意听广播，被批评的名单里没有"七一"班。呵呵，这不是进步了嘛！孩子的进步，有时候立竿见影；但更多的时候，需要长久坚持。

我们教的是"本校班"，根据以往的经验，教这样的班级，不易出成绩，出力不讨好。有人评论说："让你们教这样的班级，也是倒霉。"我却觉得，这样的班级，上升空间大，只要我们持之以恒地努力，"倒霉"也能变成幸运。

不说别的，单是榕麟和梓妍天天给我画像，我就足够幸运了。梓妍对我的衣饰的精细描画，榕麟对我的表情的精准捕捉，都令我惊叹不已！最近，梓妍在讲台的描画上也是蛮用心的：昨天是碧海红日，今天是新浪的标志"大眼睛"。每一天换一个讲桌，我的学生敢想敢画吧！

我昨天有两节课。第二节上课铃已响，教室里还有说话声，我在讲台上，一边打开教科书，一边神色平静地说："好了，孩子们，上课了哦！"

榕麟记录了我那一刻的镇定自若。她画出了我手腕上的绿手镯，恰好与红上衣相映成趣。我喜欢自己这样端庄优雅的气质。在她的笔下，我从来不是气宇轩昂的师者，而是眉宇间散发着少女气息的伙伴，这是榕麟给我的奖赏。

这大大小小的事件，这时时刻刻的感动，使我的内心安静下来，充满爱意。

今天的早读是语文。听写，批改，订正，再批改，再订正……反反复复，一个个学生，一遍遍地陪伴与交流。过了这个夏天，他们就能长大一点儿了吧。

课堂上，我提问几位同学上台演板。

诗乔有多处错误。她有的是写错了，有的是不知道怎么写，空着。可是，我蓦然回首间，她逐一补救，全部正确。

我感慨道："诗乔的再生能力很强哦！"

梓妍把我和诗乔画成背对大家，但读者一定能感受到我们的欢乐，对吧？

正上着课，我忽然发现梓亦把头扭向后边，狠狠地瞪了一眼后排的天明，

253

伴随着手部动作，好像是打了天明一下。我继续讲课，又发现，梓亦的同桌钰钰回头从天明桌上拿了一个什么东西，总之，觉得他们不对劲。

我严肃地提醒他们："你们那边有事，下课来找我。"

不能因为几个孩子耽误整个班级的学习，接着上课，就当什么事都没有发生。

榕麟把我画得大手一挥，挺严厉。她又是多么善良呢，为了避免两天的衣服完全一样，把今天的画成了长袖衬衫。

下课，天明第一个来找我。他交给我一张牌，说："是我找钰钰借笔……"

我知道不是他说的这样，他那么皮，"案情"应该比这个复杂，但我选择相信他。信任比穷追不舍让他安心，孩子安心，师生关系就稳固。信任，是一种强大的教育力量。"难得糊涂""看透不说透"，都应是教育所包含的深刻含义。

果然，梓亦告诉我，上课时天明在后面拿钰钰的垃圾袋。钰钰不给，他就挠钰钰的衣服。梓亦看不下去，路见不平，拔刀相助，她打天明的手，正是我看到的一幕。

天明听见我与梓亦的谈话，十分委屈地插话："钰钰把我的手表扔进垃圾袋……"

我说："天明一个大男生，备受钰钰这个小女生的欺负，好可怜哦，我给予深切的悲悯与同情。"

天明羞赧一笑，不再分辩。

我为天明的进步感到高兴。他以前不是这样的，以前没有他不分辩的事儿，没有他不占的理儿，没有他不抱怨的人，现在他学会了沉默不语，真好。

很多年以前，张学友深情款款地唱："你知道吗？爱你并不容易，还需要很多勇气。"夜深了，循环播放这首老歌，给自己打打气。天亮去学校，继续爱，"痛一点也愿意"。

内心笃定，耐心等待，我们终会遇到惊喜。23：07，晚安。

## 58.
## 那是你的眼神，明亮又美丽

▶ 2019年5月29日　星期三

今天又是一个温度适中、空气优良的好日子。我穿了白色短袖衫，带有水蓝色连帽，早晨有点儿凉，便加了一件水蓝色超薄外搭，配牛仔裤、白色运动鞋，很清爽。梓妍把我的外搭画得像披风，站在她画的香梨味儿的讲桌旁，我像个威风凛凛的女英雄。这是她为我画的第106幅画像。榕麟画的是第117幅，她没有画外搭，直接画成了长袖衫。

早晨一进门，恰好与榕麟相遇。她条件反射似的止住了脚步，将我上下打量了一番。为我画像已成为她的习惯，看见我，她有一种自然而然的敏感。

这让我想起了常兴君。昨天放学，他陪我走了一段路。

我说:"你现在的字比以前好很多,这是为什么呢?"

他说:"情不自禁。"

我哈哈大笑,今天榕麟第一眼看见我时的神态,也能用"情不自禁"这个词来形容。

我也捕捉过梓妍看我时的眼神。她看我时,细长的眼睛含着笑意,柔柔的、暖暖的,像春风。

今天,她们看见的我,是这样的。

我提问丰泽上台演板。这个昨天已经预告过。

丰泽的演板有几处错误,明显准备不足。

我想起昨天他妈妈说给他做红烧肉,就说道:"红烧肉可不能吃太多哦,丰泽君!"

孩子们起哄:"改成皮带炒瘦肉!"

我们笑起来。榕麟定格了这一刻,不过把红烧肉错记成红烧排骨了。学生犯了错,我不生气,不呵斥,而是幽默风趣地调侃一下,也是一种职业智慧。

我提问丰泽的时候,还提问了烨子。烨子虽是"班宝"级的"学霸",但她也有错误。看来每个孩子都可能出错,犯错是孩子的权利。

榕麟画的是早读的时候。上课时,我又提问了丰泽,他没有再出错。我始终相信,为了孩子的长远发展,我们需要创造一个宽松有爱的环境。

梓妍画的是我在批评徐老师。徐老师上课爱说话,能说到他前面两排。昨天某个学科的课,我坐在教室后面改作业,见一个女生突然往后扔了一个别针,下课我询问情况,那女生说是徐老师扔给她的,她要还击。徐老师没有分辩,算默认了。

今天我上课时,见徐老师又与前排女生纠缠着什么,就指出来:"徐老师上课时总喜欢和前排的女生打打闹闹……"

徐老师一脸黑线,一堂课没再说话。

过了 10 小时，徐老师感动了我。

我在课堂上表扬昨晚埔鸣通过微信语音读书读了199行，冠宇语音读书144行，孩子们不服气，说："老师，语音读错了是可以消除的！不能语音，要视频！"

人声鼎沸，我相信孩子们说得有道理。

晚上，攀源发来了读书视频，但可能是因为视频大，占空间，我的手机变成黑屏了，我听到的，还只是她的声音。

辉仔的视频太大，无法传送，只好截图给我。

徐老师却发来了语音。

我说："亲，要视频哦！"

他说："老师，我爸爸在旁边，可以做证。"

我其实也有这个想法，没法传视频，请爸爸妈妈做证，既有可信度，也让爸爸妈妈看到孩子读书的状态。所有的事情，只要我们多想想，都能找到更合适的解决方案。

徐老师的爸爸做证，他读了85行。我们互道晚安之后，我的心里还有喜悦在涌动。徐老师在老师和父母的陪伴下，在一天天向上向好呢！

辉仔则是一个更踏实的孩子。

他给我发微信，写道："老师，我让爸爸给我听写了20个词，我竟然错了5个！"

我回复道："好好复习，一定会有进步哦，辉仔！"

期末复习是紧张的，晚上回到家，与孩子的交流还在继续，这让我深感愉快。

此时，一天的工作结束了，打开音箱，循环放一首老歌——蔡琴的《你的眼神》：

那是你的眼神,

明亮又美丽。

啊,有情天地,

我满心欢喜。

像一阵细雨洒落我心底,

那感觉如此神秘;

我不禁抬起头看着你,

而你并不露痕迹。

我把睡前的一段时间用来想念榕麟和梓妍,想念她们的眼神。

为了对我仔细观察,她们要与我保持着距离,而我,却觉得她们离我好近,因为她们看透了我的内心。榕麟与梓妍,是我的学生,也是我的家人。她们用我的画像,我用她们的眼神,共同建设了一个精神家园。这个家园,可以放置我全部的身心。

今天下午,我的老师在千里之外叮嘱我不要熬夜,并且在饮食、运动、作息等方面给予了我切实可行的指导。我仿佛回到了36年前老师教我时的状态,那时,老师就是这样实实在在地关心我和我的同学们的;而今,老师一如36年前关心着学生,这份诚意,不可辜负,亦可传承。21:56,晚安。

## 59.
## 愿每一个生病受伤的生命，都被宠成宝宝

▶ 2019年6月2日　星期日

今天写的，是从星期四到现在的事。

这是梓妍为我画的第107幅、第108幅画像。榕麟没有画，她病了，急性肠胃炎，蔫得像霜打的茄子，周四周五两天的课都没有正常上，自然不能画画。

5月30日，星期四，我穿了一件七彩条纹短袖衫，同事们都叫我"彩虹老师"。梓妍把讲桌也画成了彩虹色。

这天一早，我来到教室，榕麟和梓妍正蹲在门口。榕麟说，她的胃里好像在翻江倒海，梓妍陪着她。我拿出手机，准备打电话给她妈妈。她不同意，说她想撑一撑。看似柔弱的榕麟，一直是坚强的。

我上课前，她有气无力地跟我说，她想去洗手间呕吐。梓妍赶紧跟过去照料。我上完课她们才回来。

我看着赢弱的榕麟与疲惫的梓妍，说："这两个小姑娘真可怜，课都没上成。"

梓妍可能深有感触，就画下了这一幕。

榕麟告诉我，她好难受，想洗头。

放学后，我带她到学校旁边的美发店洗了头。我给她买了一碗热粥，给梓妍买了饭菜，分别联系了她们的妈妈，就匆匆离开了。

邻居有急事需要我帮忙，我得回家看看。

给邻居办事的时候，遇见了一个留学生的妈妈。这个留学生，智商高，情商也高，在国内读的著名大学，又到国外读研究生。他一路辉煌，我们自然向他的妈妈讨教育儿经。

留学生的妈妈只谈了一点，那就是树立他的时间观念。她说，走亲访友也好，玩游戏也好，不能逾越时间的界限——孩子是水中游的鱼儿，要给他自由自在、游来游去的世界，但是，到点儿了就得收网；孩子是空中飞翔的风筝，要给他优哉游哉、飞来飞去的时间，但是，到点儿了就得收线。从小学一年级就是这样。刚开始，孩子会抵抗，大人们，诸如孩子的爷爷奶奶、姥姥姥爷、七姑八姨、舅舅表叔，都替孩子求情，跟孩子的妈妈说："就让他多玩一会儿呗，小孩子，正是玩儿的年纪。"孩子的妈妈决不妥协，坚持着自己的原则与底线。她说："我不是不让孩子玩儿，是不让他玩儿得过度。"她深知，上述的大人们没原则、没底线，太过溺爱孩子，所以她从不同意儿子在他们家留宿。也就是说，孩子自己带。她带出了优秀的孩子。看来，我们盛赞某个孩子出类拔萃的时候，还要去学习他父母的育儿经。我把这件事写进书里，也是希望能给读者朋友提供思考的机会。

星期五我穿的是粉蓝短袖衫。这一天我只有一节课。快期末考试了，孩子们需要练练手，这一节课小测验。梓妍画的就是我布置考试的事。她把讲桌画成了阳光、海水与沙滩，从容而悠闲的样子。

考完试，我直接从学校出发去北京。此次进京，是要办件私事。

这得从头说起。女儿女婿养有3只宠物狗，分别叫谷歌、咕叽和嘻哈。它们都是女生，其中谷歌和咕叽是一对母女，很伶俐，很乖巧，这里按下不表。以下文字，只写嘻哈。

嘻哈原是亲家家里养的一只小黑狗，生育能力极强，连着生了3窝狗娃，导致严重缺钙，最终腿瘫；嘻哈的左眼得了青光眼，失明。也就是说，它是一只病狗。

去年秋天，女儿女婿把嘻哈接到北京治疗。为了保住嘻哈的眼睛，找的是北京有名的兽医。治疗了8个月，耗费了不少精力、时间与金钱，终究还是必须摘除嘻哈的左眼球。为它的健康考虑，跟医生商量的方案是：如果眼球摘除手术顺利，它的体质也好的话，同时给嘻哈做绝育手术。预约的时间就是6月1日儿童节12：00。

吃过午饭，我们仨带着嘻哈来到宠物医院。

嘻哈是只泰迪与土狗的"串儿"，浑身黑毛，夹杂着丝丝缕缕的白毛，外形比另外两只焦糖色的纯种泰迪差了不止一点点。它丑，它也静，静到24小时中有23小时不发出一点点声音。对人表示亲近的时候，它就"啪"的一下，轻轻地把两只前爪放到人的膝盖上，睁着它那一只明亮一只失明的眼睛与人对视。它的表情很复杂，带着一丝亲近，又带着一丝严肃，我常叫它"老干部"。累了的时候，它又"啪"的一下把爪子放回地上，自己去玩儿。它不和小伙伴们一起玩儿，只和自己玩儿。它追着自己的尾巴，发出"呜呜呜"的声音，自得其乐。一个苦命的姑娘，却懂得与命运和解，这深深打动我。

打动我的，不只是嘻哈这只狗，还有女儿、女婿及另外两只狗。

2岁零7个月的嘻哈，又丑又病。如果仅是为了养个宠物玩玩，是没有人要它的。

嘻哈做手术的时候，我们伫在门外候着。每出来一个医生或护士，我们都迫不及待地询问："它怎么样了？手术顺利吗？它醒来了吗？"

是啊，嘻哈不仅是一条小狗，还是一个家庭成员，一个需要关怀的生命。

整整3小时，嘻哈的手术顺利完成。手术费是我整整一个月的工资。

嘻哈出了手术室。它的脸被剃光了毛，左眼完全被缝住，肚子上也有刀痕，穿着蓝色病号服，它比以前更丑了。没有人嫌弃它。女儿女婿把它抱在怀里输液，任由它的口水流了他们一身。

嘻哈渐渐变得硬朗，但也时有痛苦与焦躁。回到家，谷歌与咕叽两个小伙伴，看见完全变了样的嘻哈，好像明白了什么，也好像懂得应该怜惜什么，它们不再像平时那样欢蹦乱跳、横冲直撞，而是静静地待在它身边，看着它，陪着它。

嘻哈是不幸的，它一直生活在病痛中；嘻哈又是幸运的，因为有人救它、爱它，不管它是什么样子。嘻哈是坚强的，它很快就站立起来，也许是因为刀口痛，它四肢挺立，不折不弯。为了美观，别的泰迪狗，在很小的时候就被剪掉了尾巴。嘻哈的尾巴没有剪，它长长的尾巴垂下来，站在那里，不像狗，而像一匹马。

夜晚，它下楼解了手，回家后就一直悄然无声地躺着，我只听见它在凌晨4点钟的时候呻吟了几声。我们都叫它"狗坚强"。这让我想起一句网络流行语："没有人不辛苦，只是有人不喊疼。"

今天，6月2日，术后第二天，嘻哈的饭量就恢复了。此时，我坐在回郑州的高铁上，女儿来微信说："小嘻哈吃了好多饭！"

真开心，嘻哈已脱离危险期。相信它能活得很好。

明天又是新的一周，榕麟的病，应该也好了吧！

愿每一个生着病、受了伤的生命，都被温柔地对待，被宠成宝宝。

17：49，在北京至郑州的高铁上，道一声，傍晚安！

# 60.
## 复习，是件严肃的事
▶ 2019年6月4日　星期二

今天要一下子写两天的 6 幅画像。这两天，榕麟画了 4 幅，即第 118 幅至第 121 幅；梓妍画了两幅，即第 109 幅、第 110 幅。

榕麟的第 118 幅和第 119 幅画像被她称为"番外"。她上周生病，有两天没有画，昨天补上了。她画的是自己，兔子是她的"人设"。她画的是自己在生病时一日三餐只能喝粥，以及病好以后阳光灿烂、精神焕发的模样。以小白兔的形象反映人的成长与变化，是孩子才有的趣味吧？原来，一个人的生命旅程是可以"看图说话"的。孩子总能刷新我的认知境界。

昨天，我穿了粉红短袖衫。

我在课堂上点评卷子。这张卷子，就是上周五的小测验。星期日的夜晚，我从北京回来，夜以继日地改了一大部分，剩下的一小部分是周一早晨到学校加班改出来的。

孩子们的成绩不尽如人意。我总结他们是：什么都敢写——满篇都是字，满篇不得分；什么都不写——大片空题。

考得不好，那就赶紧查漏补缺咯。我并不想拿坏脾气吓人。

可孩子们惹我生气啊！

上课我点评卷子的时候，他们嘀嘀咕咕地小声说话。

我严肃地看着他们，冷冷地说："卷子做得这么糟糕，还敢说话？！"

梓妍的第109幅画像画的就是这个事儿。

是的，我批评学生了！在学习这件事上，不可满不在乎、得过且过，只能认真、专注与严肃。

榕麟的第120幅画像画的是我在提点小刘。我看见他用两只手在眼睛上刮来刮去，很像在做眼保健操，就批评了他。

孩子是会看老师脸色的。他们看见我严肃而冷峻的样子，也变得安静了。

这是昨天的情形。然而，他们并没有真正认识到复习的重要性与紧迫性，今天又是"外甥打灯笼——照旧（舅）"。

比如，面条君在课堂上扔笔玩儿。

今天我本是轻松愉悦的，特意穿了果绿色开衫，以此体现我有一颗年轻快乐的心。当我看见面条君不好好学习，就不动声色地走到他跟前，对着他的耳朵大声讲课，他一下子被吓住了，一脸黑线。梓妍也下笔较狠，把我画得面目狰狞。我无法知道自己当时的样子是不是很难看，但我知道我已经下了狠心。

不，这还不够。

我跟面条君说："下课找我，我要提问你！"

下课面条君乖乖地来找我。

他说了一句惊天地、泣鬼神的话："老师，我没有带语文书！"

好吧，我的学生就是这么任性！期末复习怎么了？照样不带书！他以为上学就是自己来学校，语文书来不来不重要。

他做得不对，可一个课间只有10分钟，不适合批评孩子。我一向以为，简单草率的批评没有什么价值，即便是批评学生，也得一五一十、诚诚恳恳地说出个所以然来。"晓之以理，动之以情"是需要时间做保障的。

我让面条君去借同桌磊磊的书用一下。

他拿来了磊磊的书。"拔出萝卜带出泥"，我定睛一看，好嘛，磊磊的笔记错别字连篇！难道我板书的时候，他根本就没有看黑板？不行，我得连他一起提问，以此促他反思。

又一节上课，我首先请磊磊和琪琪上台演板。同样的内容，其他同学在座位上写。

我问的问题就是磊磊错得最多的那几道题。

磊磊写了一半，忽闪着一对明亮的眼睛——我记不清在哪一篇日志写过他明亮的眼眸——他可怜巴巴地看着我，说："我不会写。"

我给了他一句提示，他恍然大悟，奋笔疾书。

孩子们写完后，我信心百倍地点评。

可是，磊磊写的不对，琪琪写的不对，台下55个人，只有任哥一人全对！

要说任哥，那是跟我立过"军令状"的："我任春玉如果期末考试语文不到优秀，就在教室跳极乐净土舞！"

我不知道，他的努力是不是因为这道"军令状"，但我知道，他一直在努力着。

这是我强调过8次的知识点！反复强调某句话，使老师变得唠叨、无趣，可我还是不厌其烦。

孩子们这个样子，我仍不能生气。生气解决不了问题，还伤身体！我给了3分钟的复习时间，然后斩钉截铁地说了3个字："全重写！"

榕麟画的就是这一幕。她是一个高明的画者，画了我的背影和两团火气，又以学生的惊讶表情来折射我的严肃与严格，而不让气鼓鼓的我正面跳出来吓人，也算有匠心。

果然，在高度专注的状态下，孩子们掌握了知识，也获得了快乐。

复习，是个很严肃的事。在这个过程中，要严慈相济、宽严有度。

22：16，结束今天的写作，也收到我的老师浑厚有力的微信语音，他说："笔耕之人，不可熬夜，才达恒久！"

分别36年后，再次听见老师的教诲与叮咛，我止不住热泪滚滚。

搁笔，休息，晚安，好梦！

## 61. 若论"少年狂"与"佛系爱",那要数我的学生了

▶ 2019年6月8日　星期六

今天写的,不是画像,是板书;今天写的,也不是今天的事儿,是6月5日星期三那天的。

很抱歉,临近期末,事务繁多,日志滞后——不过,虽时隔3天,但那板书、那故事,还历历在目。

现在,我用文字还原,诸君且听我慢慢道来。

周三，是语文早读。我呢，是个懒老师，早读一概不插手，全权委托课代表分头管理。

这一天早读的负责人是琪琪、诗鸿、诗乔3个人。这一天也是本周的最后一天课，因为7日、8日高考，6日就要布置考场，9日是星期天——对，连续放4天假。他们可不像大人那样愁眉苦脸地叹息："哎呀，下周就要期末考试了，还有好多知识没有复习呢！"只要不上课，孩子们就是高兴的。所以，他们的早读板报办得喜气洋洋，一开始就在右上角写了3个字——好开森（心）。

6日至9日的这4天里，还夹着一个端午节（7日）。网络上热传："祝你高'粽'（中）！""高考遇端午，都上985！"

这不，语文早读板报上赫然写着：（端午）习俗，详见历史书P56下第一段，看的时候顺便复习下历史。

语文课代表提醒大家复习历史，有点儿意思！

我想，我教这届快1年了，已经初见成果了——我一直是捍卫"文史兼顾"的。我的课代表们，可谓深得我心，也堪称我的"骨灰级代言人"。

这句话的下面，他们画了两个胖乎乎、喜嘟嘟的小粽子，旁边批注：像极了每天早上不想起床上学的你。"小粽子"躺在床上做着梦，梦的是一页又一页写满了字的书页。板书中最醒目的，是加粗体"备战期末，人人有责；超越烨子，从我做起"。

哈哈哈，我读来读去，总觉得这铮铮誓言里，满是对烨子的羡慕与佩服啊！

"语文98，英语95，数学100"，这群少年，也可算自我鼓励的高手了。"少年自有少年狂，身似山河挺脊梁。""既然这么狂，考个试也不算啥吧！"幽默风趣中，有自己的进取斗志，却没有对他人的"杀气"，这种"少年狂"与"佛系爱"，是最令我欣慰的。下周就要考试了，至于成绩如何，我并不看重。为了了解学情，我一天改三四次作业，逐人交谈，但我并不要求孩子只为成绩而活。如果孩子考不好，我也并不觉得自己心血白付。毕竟，成长最需要的，是时间。

青春是一首歌谣。成绩、胸怀、境界，就像其中的音符，在这一章里长，在那一节里短；在这一段里高，在那一句里低。错落有致，抑扬顿挫，青春这首歌谣才动听。

我要特别说明的是，孩子们把板报办得这么明丽鲜亮，不是受了我的影响，而是教数学的珠珠老师影响了他们。珠珠老师是一个美女，字如其人，她的板书，美丽如画、条理清晰、层次分明，富有艺术美，养眼润心。我的课代表也算从她那里汲取了精华。感谢她！

这学期只有下周周一、周二两天课了，各科老师"你方唱罢我登场"，时间会紧成石头，孩子们定然应接不暇，榕麟和梓妍，大概很难从石头缝里挤出时间让笔下生花，那还不如让她们停掉画笔，一门心思做好最后的复习。

我已给她们发微信：

亲爱的榕麟（梓妍），辛苦了！我们的第二本书，字数已超很多。下周最后两天不再画像，安心复习便好！谢谢你，祝福你！这一年，合作真愉快！下学期，你画，我写，第三本！噢耶！

那么，亲爱的朋友，这本书，到此结束了。
下学期再见咯！
**鞠躬，致谢！**
16：26，下午安，我亲爱的孩子们，我亲爱的朋友们！
还有34分钟，2019年高考就结束了。谨以此书，为莘莘学子祝福！

# 后记

## 做一个像我的学生那样的孩子

▶杨卫平

2019年5月27日，星期一，天气明朗，万物可爱。我读到了一个学生的作文：

我的秘密被发现了

今天一早，我走进教室，发现同学们都在传阅我的日记本。天呐，我的秘密被发现了！

那个日记本上记录着我最不想让人知道的秘密：我暗恋着一个女生！

那个女生是我的小学同学。她不爱说话，对很多事的积极性也不高，但交给她的事她一定会认真完成。她不是人群中最耀眼的那一个，正相反，她是人群中最没有存在感的那一个，就算和她的朋友在一起，她也言之甚少。

她也是一个好孩子，几乎没有犯过错，作业认真完成，下课不打闹、不骂人……她是我在小学阶段见过的遵守行为规范最严格的人。她成了我的规范，也成了我的女神。

她对自身的要求近乎苛刻。不过是一次没带作业，她却紧张得豆大的汗珠不断从额头滚下，双手止不住地交叉着，似乎是犯了天大的错。

　　她是一个淑女，无论遇上什么事，她都不会动怒，对于招惹她的人，她大多一笑了之。不知不觉，我也被她感染了，她让我认识到什么叫"退一步海阔天空"。感谢她，让我在脾气暴躁如火的年纪，学会了温柔。

　　她的知识非常渊博，在同龄人中，我无论是在学校学习中，还是在课外拓展班里，都可算佼佼者，但终究差她一着儿。在某次选拔考试中，我失意落榜，她却考出了非常好的成绩，也是在那时，我认清了我和她之间的鸿沟，但放弃绝不是我的性格，我要让自己变得更强，强到超越她。只有这样，我才能配得上喜欢她。

　　日记本已经被抢走，秘密已经被公开，不少人向我投来嘲笑的目光，但我没有丝毫退缩，因为，我不认为这有什么可笑的。人生的路还很长，我会遇到各种各样的人和事，但还请她，在未来等着我。

　　我止不住热泪盈眶。我们总害怕孩子早恋，认为早恋是洪水猛兽，是影响孩子成长的罪魁祸首。孩子却能把它说得合情合理，写得妙不可言，这就是童心的巨大魅力。当然，我并不提倡孩子早恋，我提倡的是写作时"我手写我心"——这是我们很多大人做不到的。不过，这篇作文中提到的传阅别人日记、破坏别人隐私的行为，是必须被制止的。

　　那么，就让我成为孩子吧。

　　我想做诗乔那样的孩子。

　　诗乔是一个字体潦草的姑娘。一批改她的作业我就头疼。我给她留言道："亲爱的，把字写得像你这个人一样好看，真的很难吗？"

　　她没有回复我，但她的作业一下子好了许多。

　　后来，我在课堂上听写"以身作则"这个词。我意味深长地看了诗乔一眼，说:"作为语文课代表,要以身作则,把字写好。"

她笑而不语。那一天,她在作业的最后工整地写了4个字:以身作则。

我俩相视一笑,一切尽在不言中。

诗乔有着丰富而有趣的内心世界,她善沟通,能懂人,会创造性地学习。那么,就让我做个她那样的孩子吧。

我想做榕麟那样的孩子。

有一天,白白净净、文文气气的榕麟,故意摆出一副凶相,说了一些很霸道的话。

我差点儿惊掉了下巴!这个温暖友善的姑娘,什么时候变得冷漠而霸道?她有多大的能量?看来我得好好引导她。

过了几天,放学时我和榕麟、梓妍同行。我打着遮阳伞,她俩挤过来蹭伞。出校门的时候,人很多,摩肩接踵。榕麟本能地扶住伞柄,提醒我说:"小心点儿,别碰着人!"

我一下子释然了,一个连伞都怕碰到别人的孩子,怎么可能校园霸凌?她不过是耍耍酷。长久温良,偶尔耍酷,那么,就让我做个她那样的孩子吧。

我想做梓妍那样的孩子。

梓妍画猫成痴,痴迷到她的眼睛眯成一条缝的时候和猫的眼睛毫无区别。有所热爱,有所痴迷,那么,就让我做个她那样的孩子吧。

我想做烁儿那样的孩子。

烁儿永远是快乐的,上课如此,下课如此,走路如此,说话如此,作业如此,吃饭也如此。仿佛他浑身上下的每一个细胞都跳动着快乐。这快乐,把他变得聪明、温暖、不怕困难、敢于尝试。那么,就让我做个他那样的孩子吧。

我想做常兴那样的孩子。

常兴的学习成绩很不好,在班上垫底,但他不怕,他敢问问题,一道题,别人早就做完了,他却连懂都不懂。没关系,他善于求助:"老师,这题是啥意思啊?""同学,这题我不会,给我讲讲呗!"他问啊问,问了整整一年,进步到了良好行列。永远忽闪着明亮的眼眸,永远追根究底,那么,就让我做个他那样的孩子吧。

我的每一个学生,都有着明亮的光,我愿意做所有的他们,我愿意做他们中的每一个。

我甚至,想做一个更小的孩子,小到只有5岁。

暑假第一天,我回学校取资料,看见5岁的诚诚在竹林边,坐在足球上画画。诚诚是我的徒弟钊哥的儿子。他有一个双胞胎弟弟叫正正。他们的名字取自《礼记·大学》中的"欲正其心者,先诚其意"。

我陪着诚诚画了两幅画。他画的第一幅画是一只五彩鸟。创作背景是,他在竹林边玩耍的时候,看见一只鸟儿落地,就拿起画笔即兴创作。他给黑白相间的鸟儿穿了一件五彩衣。他的鸟儿,不在天上飞,只在地上跑;背后是粼粼碧波,水清澈得可以看见鱼儿畅游;水的尽头是陆地,陆地上的鸟儿正在叼食水中的鱼儿。这是孩子独有的想象力吧!

画完了鸟儿,他看见一页纸还有很多空白,就写了刚学到的"郑州"两个字。他写字的时候,也像画画,不按笔顺,随心所欲,字也写得不够规范,可是,他有一颗多么自由的心呢! 诚诚写完了"郑州",又突发奇想,写了一个"诚州"——那是他的地盘。"诚"在下,"州"在上,孩子是不必按套路出牌的。他又写了一个"正州"。我一下子被他温暖到,他在给自己"封地"的时候,还记得留在家里的弟弟,给弟弟也"封"了地。紧接着,他又给爸爸"封"了一个"钊州"。

家里的3个男性都有了"封地",接下来要干什么呢?诚诚又画了第二幅画。

第二幅画是纯粹的黑白配。上阵父子兵,全家总动员:诚诚和爸爸踢球,弟弟跳障碍物,妈妈也在跳障碍物。

他一边画,一边自言自语:"这是妈妈,跳,跳,跳!"

他爸爸悄悄告诉我："他妈妈从来不跳。"

哈哈哈，为了画出一家人其乐融融的画面，儿童是有着卓越的创造力的。他小小的心里，装着所有家人，这是世上最实在的温情与浪漫。

他画完了两幅画，爸爸邀请他踢球。我到学校门口的超市给他买了水、点心和酸奶。

他跟我道谢。

我说："大孙子，这是给你的奖励。希望你能够相信，专注做事，心中有爱，一定会得到意想不到的奖励。世界一定会厚待你。"

他听不懂我的话。我是说给他爸爸听的。希望我的徒弟和徒弟媳妇更加细心科学地培养我的双胞胎孙子，保护好孩子的好奇心、想象力、创造力和爱的能力。

我原计划取了资料就回家修改书稿。但见到诚诚，我受到感染，也童心满溢，取消了改稿计划，陪着他过了整整一个上午。我想做个诚诚那样的孩子，创造出生生不息的从容、欣喜与温暖。

什么时候，我能做一个孩子，一个像我的学生、我的孙子那样的孩子呢？我要努力地改变自己，直到变成一个像孩子那样的大人。

和上一本书在钢琴曲中完成不同，这本书是在智能音箱播放的笛子曲中完成的。笛声悠扬，我心亮堂。

谢谢，祝福。

2019年7月3日，星期三，16：56
于郑州